文章は、「転」。

〈自分の言葉〉で書く技術

近藤 康太郎

はじめに

深い山の奥の森、透明な湖水を前にして、「美しい」と思う。映画を見終わって、「よかった」「感動した」と感じる。

あるいはだれかの意見を聞いて「いやだな」「おかしいんじゃないか」と思う。

ほんの一瞬の出来事である。直観だ。論理で説明することもできないほどの、刹那。これは「違い」を感じ取っている瞬間だ。いままで自分が目にしてきたこと、耳にしてきたこととは違う。異質さを、自分の感官が察知している。

文章を書くとは、この「違い」を言語化することだ。

イヌとオオカミとは、似ているが、違う。人間や家畜にとって、有用な仲間ともなるイヌと、危険を及ぼすオオカミ。そこに「違い」があるから、わざわざ人間は言葉（＝イヌ／オオカミ）を作って、両者を切り分けた。言葉とは、差異、切り分けのことである。

この「違い」をより豊かに表現するのが、いい文章だ。要点は、二つある。

①言葉を鍛えること
②感性を鍛えること

言葉を鍛える。語彙を増やす。文体（スタイル）を磨く。その手法については、かつて『三行で撃つ〈善く、生きる〉ための文章塾』（CCCメディアハウス）という本で詳述した。好評をいただき、版を重ねている。

そして、二つめの感性を鍛える術《すべ》は、あまたある文章読本でも、じつは書かれてこなかった領域だ。

作家にとっての印象とは、科学者にとっての実験に等しい。

（プルースト『失われた時を求めて』）

実験がなければ、発見もない。まずは「感じ」なければ、言葉に「移す」こともできない。本書は、「感じる」ためのトレーニング論である。

ふだんは見ないＳＮＳに、ある日、ライターがこんなことを書いているのを偶然見つけた。

「小説を読んで表現力を鍛えるって、効率が悪い」

ここには問題が二つあるように思う。

①効率が悪い

②小説を読んで表現力を鍛える

小説は読むのに時間がかかるし面倒だ。先輩のウェブ記事を参考にしよう――。いかにもタイパ（という言葉は大嫌いだが、ここではいちおう）世代らしい考え方だが、「効率」とは、よほど気をつけて付き合わないとえらい目にあう危険な概念だ。

○○のために、▽▽する。

こういう発想こそ、「表現力を鍛える」のにもっとも妨げになる考えだということに、早いうちから気がついていたほうがいい。表現の女神は、小利口者が嫌いなのだ。いや、女神だけではない。さかしらで計算高くて小ずるい。そういう者を好きな人間は、世界にいない。

なぜ小説を読むのか。

なぜもなにも、ない。小説を読むのが、楽しいからだ。

この作品がなければ乗り切れなかった危機が、自分の人生にはあった。あの文章があったから、生きてこられた。文学のない人生を、生きたくない。

そうした、自分の手で覚えている確固とした実感が、今日もわたしに本を開かせる。文学に限らない。わたしの生活には、いつも音楽が流れている。映画や写真やアートを見ない人生なら、とくに未練はない。落語に浪曲に講談、芝居、漫才と、話し言葉の芸能から、どれだけ文章のインスピレーションを得たことだろう。

しかしそれらは、いずれも予期しなかった贈与だった。「表現力を鍛えるため」に、見たり聴いたりしたのではない。たんに、楽しんだだけ。本や音楽や話芸をあまりに楽しみ、愛したので、本や音楽や話芸のほうでも、わたしに愛を返してくれた。贈与してくれた。

楽しむのに、方法論もなにもない。自分の好きなものを、読み、聴き、見ればよい。そう考えている人は、かなり楽天的な人だろう。自信家と言ってもいい。自分の感性に自信のある人。自分が、ある種の「天才」だと思っている。

ところが、感性は生まれついてのものではないのだ。

十八世紀の終わり、南フランスの森で、保護者をもたずに生育した、十一、二歳と推定される裸の少年がとらえられた。最初に観察した精神医学者によると、野生児は「感官がひどい無力状態に陥ってしまっていて、この点で、少年はある種の家畜よりずっと下等」と診察された。

視線は固定性がなく、どんな対象も凝視することがなく、次から次へとばくぜんとただよっている。また、浮き彫りの物と絵画の中の物体とをぜんぜん区別できないほど

無知で、触覚の訓練を受けていない〔ことがわかる〕。聴覚は、どれほど感動的な音楽であろうと、どれほど大きな雑音であろうと無感覚である。

（ジャン・イタール『［新訳］アヴェロンの野生児』）

なにかを見る。聴く。心を動かされる。それは、生得的なことではない。多くは後天的、言い換えれば、環境や教育の成果だ。有り体に言えば、「練習」しているから、感じられるようになるのだ。感性は、鍛えた者だけが得られる、もうひとつの〝筋肉〟だ。わたしたちもわれ知らず、「アヴェロンの野生児」になってしまう可能性は、いつだってある。

感性を、トレーニングで鍛える。

本書の主眼は、そこにある。いわば感性の筋トレ。豊かな五感を手に入れる。その感性を武器に、世界を見つめる。聴く。自然の匂いに包まれ、胸に吸い込む。空気にさわる。味わう。そして、言葉にする。

言葉によって、世界の解像度を高くする。

感性を鍛えると、生きることが楽しくなる。世界がモノトーンにくすんで見えるのは、世界のせいではない。あなたのせいだ。人生が苦しみばかりでつまらないのは、人生のせいではない。あなたのせいだ。あなたの、感受性が鈍っているからだ。見える人には見えている。世界はカラフルだ。流麗な音に満ちている。香り、手触り、味わいで、接触してくるのを待っている。あなたが、「感じ」なければ、しかし扉は開かれない。

人生を楽しくするには、方法はひとつしかない。感性を磨くこと。全感覚で世界を受け止めることだ。

世界は美しく、人生は甘美だ。

仏陀は、亡くなるときにそう言った。

この本の最終的な目的も、そのつぶやきを発する自分を、予感することにある。

文章は、「転」。——目次

第五章　応用篇　感性を磨く習慣づくり　199

感性筋トレ十箇条の御誓文　219

おわりに　245

出典一覧　249

前提篇

第一章 型を覚えるストレッチ

さっそく五感の筋トレを始めたいところですが、その前に準備体操、ストレッチを。文章を書くにあたっての前提条件を、少し確認しておきましょう。筋トレに劣らず、大事なところです。

もうライターはいらない――。そんな世界が、現実のものとなっています。指数関数的に能力が上がった生成ＡＩ（人工知能）の文章作成は、それぐらいのレベルにあります。

たとえば、「ＡＩ時代にライターは必要とされるか」というテーマで八〇〇字のコラムを書けとＡＩに命じれば、ものの数秒でそれふうのコラムを書いてきます。

利潤の追求が唯一にして最大の目的である「資本」は、コンピューターに丸投げする。そのほうが、安いし早いし安全だ。訂正がない。

しかし、ライターは必要なくなっても、読者はいなくなりません。印刷術が発明されたグーテンベルクの革命で、世界に〈読者〉が誕生しました。以来、世の中から読者が消えたことはありません。今後も、消えることはないでしょう。

人間とは、言葉で生きる、生き物だからです。

百姓で猟師で作家で新聞記者

少し自己紹介をします。

わたしは作家・評論家のかたわら、米を作る百姓であり、鉄砲でけものを撃つ猟師でもあります。田舎に移り住んでしばらくしたら、なぜか地元の若い新聞記者やテレビカメラマンが集まってくるようになり、文章の書き方や、文章を書くための勉強方法を教えるようにもなりました。授業料をとらない、無料の私塾。

それが高じて、いまではおもに新聞購読者を相手に、全国で文章教室を開くようにもなってしまった。この本では、講義で添削された文例を豊富に使っていきます。

ところで、わたしもＡＩをけっこうな頻度で使っています。おもに自分の勉強の相談相手ですね。

新しい言語を学ぶのが好きで、英語のほかにも、スペイン語、フランス語、ドイツ語を勉強しています。できる、とは言ってないです。勉強している。なぜそんな面倒なことをしているのか。日本語の文章を書くことに、とても役立つんです。文章の「ストレッチ」になる。

語学だけではなく、高校数学やプログラミングも独習しています。これも、日本語を書くのに役立つからです。

数字の話だからＡＩは必ず正解するだろうと、素人は思います。でも、じつは数学の出来がいちばん悪い。三次方程式の解法を質問すると、明らかな誤答を繰り返してくる。「適当言うな！」と怒ったうえで、質問の仕方を少し変えると、「すみません、数式の最後部分は間違っていました。ご指摘ありがとうございます。この誤りを訂正して、連立方程式の解き方を続けます」なんて、いちおう謝るんですが、また誤答を書いてくる。

これはなぜかというと、ＡＩは論理で答えていないからです。膨大なデータの蓄積から検索して、人間の口まねをしているだけ。

おもにプロのライター相手に文章講座をもったことがあります。とくにウェブライターの方は、「ＡＩに仕事を奪われる」という危機感が強いようでした。

気持ちは分かりますが、でもそれは、機械に奪われていいたぐいの仕事なんじゃないか、とも思うのです。厳しいですけれど。ウェブライターの多くの記事は、商品紹介だったり企業広報文だったりします。企業が用意したデータがあり、それを適当に組み合わせて文章を整形する。

みなさんは、そうした〝文章〟を書きたいのでしょうか。

わたし個人は、AIが代替できるような文章を書くのは、真っ平御免です。人生は、短い。

AIに書けない文章とはなにか

AIに仕事を奪われるのは、なにもライターだけではないです。教師も、通訳も、もっと言えばテレビのコメンテーターも自治体職員も中央官僚も、政治家も、じきに業務を代替できるようになるんじゃないか。

人間の皮を被《かぶ》って、人間の口まねして、かつての蓄積データから言葉を組み合わせて、それらしい日本語にしている人たち。うまい〝正解〟を垂れ流してよしとしている輩《やから》は、そもそもＡＩ以下です。退場してもらって、けっこうです。

すると、人間の生きる場所がなくなるのか。

まったくそんなことはないです。計算機の能力がどんなに上がっても、むしろ人間にしかできないことが浮かび上がる。


問うということ。


〝答え〟なんか重要じゃない。答えは、口まね上手のＡＩが、既存のデータから適当に組み合わせて、それらしく作ってくれます。

疑問をもつこと。問題を発見すること。問いかけが、人間の人間たるゆえんです。

世界を変えるのは答えではないです。問いこそが、世界を変える。

文章とは「転」である

先を急がずその前に、文章とはなにかを考えましょう。

これは、大きな問題です。まともな人は、こういう設問をしません。哲学者のウィトゲンシュタインはこの問いを一生かけて追求しています。『哲学探究』なんていう、冗談みたいに難解な本を書いてもいる。

そうした問いにわたしが安直な答えを出すわけにはいかないんですが、わたしの前著では、こう言い切ってしまいました。

文章とは、人の思想、感情を載せて走るキャリアー（媒体）だ。

〈近藤康太郎『三行で撃つ〈善く、生きる〉ための文章塾』〉

かなりページ数を費やして書いているので、できれば読んでほしいところです。本書では、それより進んで、もっと単純に、言い切ることにしました。

文章とは、「転」である。

反論が来るのを承知で、あえて話を単純化しています。文章とは、「転」である。

転というのは、起承転結の転です。起承転結とは漢詩の用語ですが、文章の型としても広く使用されています。

起はフック。書き出しで気を引く。

承はその説明。なるべくスピーディーに、なにを書こうとしているのか、説明してしまう。

転は、文字通り転がす。少し話頭を転じる。転がないと単調になる。飽きるんです。

この型を、まずは覚えないといけない。

もちろんこれは型ですから、古くさくなる危険もある。「型にはまる」とは、マイナス評価ですよね。わたし個人の趣味でも、型からはみ出した文章を好みます。「型破り」です。

しかし、型破りというのは、型をしっかりできる役者だから、チャレンジしていい芸なんです。型さえ知らない若造が、自分勝手に解釈する演技なんて、見られたものじゃない。それは「形無し」です。

まずは文章に起承転結があるか。そこを意識して構成を考える。その癖をつける。

起と承だけで終わるライターは、これからの時代、不要とされる、ということです。こういう事象があったというだけの文章は、AIが書く。起と承で終わる文章には、値札が付かなくなったんです。

しかし、転が書けるライターには、発注がくる。原理的に、AIは転が書けないから。AIは過去の膨大な蓄積データから解答を探し出します。その正確さと速度は、とても人間の及ぶところではない。ところが転というのは解答ではない。ある事象に直面して、自分がどう感じ取ったか、なにを考えたか。そこが転になるんです。だから本質的なのは〈自分〉です。要は、〈生き方〉です。自分は、いままでどう生きてきたのか、そここそが、問われる。

この本は言葉を重ねて、いろいろパラフレーズして、その点を説明する試みです。

型にはまってみる

ライターにとって語感はとても大事です。「型にはまる」のは、いい語感？　よくないですよね。型にはまったライターって、つまらないライターのこと。

ここで言いたいのは「型にはまる」ではなく、「型にはまってみる」。自発的に、「はまって」＋「みる」。

そこで覚える型が、起承転結なんです。

「起」では、少しだけ意外な書き出しで、読者の興味を引く。自分は無名のライターなんです。だれも知らないし興味もない。これが大前提です。

「承」は、起を受けて、なるべく早く整理する。自分はこの原稿でなにを言いたいのか、要点を簡潔に、的確に述べる。結論まで書いてしまう。

は？　パルドン？

ここで、そう思ってほしかったんです。大切なので、もう一度、書きます。

要点を簡潔に、的確に、結論まで書いてしまう。

終わってから、始まる

結論まで書いたのなら、もう原稿は終わってるじゃないか。

そう、そこがポイントです。自分の書きたいことを、承まで書ききってしまう。文章を、終わらせる。文章は、終わってから、始まるんです。

文例1

（略）

生家は農家で子供の頃家に本は教科書以外1冊もなかった。新聞もとっていない。

小学校へ入ると本読みが好きになった。そこの小さな図書室には偉人等の伝記や昔話、図鑑が数百冊あった。図鑑以外は全て読んだように思う。低学年の授業では音読がなされ大きな声で読むのが好きで自慢でもあった。

中学校では部活と町の垢ぬけた女の子に夢中になり読書どころではなく、図書室の記憶はない。高校の図書室にはびっくりするほどたくさんの本があり、専門の司書（きれいなお姉さん）がいて丁寧に教えてくれるのでよく足を運んだ。読んだのは近代文学が主で、長編は『緑の館』『風と共に去りぬ』くらい。

高卒後上京すると本格的に読書に目覚めいつも本を手にしていた。特に通学の電車やバスのなか、友達との待ち合わせ、講義の合間によく読んだ。いつも本（文学）を持っていたので友達から学部の専攻を間違ったねとも言われた。

20代は文学をよく読んだ。特に周五郎・清張が好きで夢中になったが、数えてみると半分も読んでいない。自然・社会科学系の本は40過ぎから。

就職してからも読書は続き新聞と雑誌も読むようになった。だから私の場合「趣味は読書」ではなく単に活字が好き、俗にいう活字中毒のひとりか。

わが家には学生時代に読んだ本で保存のいいのが帰郷後に読んだ本と一緒に本箱に並んでいる。家族は私の死んだ後を心配し少しずつ処分したらというが、本に囲

まれた生活が望みであったので当分は今のままでとお願いしている。

書き出しの一段落を略しましたが、あとはそのまま。垢《あか》ぬけた都会の女の子やきれいな司書のお姉さんにひかれるなど、ユーモアがあって、わたしは好きな文章です。三妖怪はいますけれど（第四章に詳述）、それよりなにより、わたしに言わせれば、この文章は、まだ始まっていないと思うのです。

本など一冊もない農家で育った。しかしなぜか、本好きになっていった。親切できれいな司書さんに惹かれていたからかもしれない。

ここまでが「起」です。

高校・大学でも乱読を続けた。思えば本好きと言うより活字好き。暇をつぶすのに、活字を目で追っていただけなのだろう。

これが「承」です。

これで終わり。起承転結で言えば、半分書いて、筆者は書き終わったつもりになっている。それはそうでしょうね。筆者として、自分の身に起きた〝事件〟を過不足なく書けば、それでいい。書き終わった。

しかし、文章とは「転」である。「転」とはこの、「自分としては書き終わった」地点から始まるんです。文章は、終わってから、始まる。

考えてもいないことを書く

自分の書いた文章は、転がっていますか？　いままで自分が考えてもいなかった地点へ、ほんの半歩でも踏み出しているでしょうか。読者が「へえ、そういう考え方や感じ方があるのか」と思うようなことでしょうか。

わたしはいま、変なことを書きました。

「いままで自分が考えてもいなかった地点」

文章というのは、「自分の考えていることを書く」のではないんです。

文章の急所はここです。自分の考えていることを書くのであれば、文章に驚きはありません。しかし、文章を書くという営みを真剣に繰り返せば、「自分の考えてもいなかった地点」へと、自分自身を運ぶことになる。文章とは、導きの糸です。

文例1では「趣味は読書ではなく単に活字が好き」とあります。しかし、青年時代は「いつも本を手にしていた」とあるし、人生の終わりに近いいまも、「本に囲まれた生活が望みであった」とあります。やはり、物体としての紙の本が好きなんです。

それは、なぜでしょう？

・本は読んだら終わりじゃないのか？
・図書館ではだめなのか？
・電子書籍は？
・読んでいない本も、手元に積んでいるか？
・新刊本か、古本か？
・垢ぬけた女の子に夢中になって、なぜ読書をやめたのか？　そのときの気持ちは？
・司書のお姉さんは、どんな女性だったか？　妻と似ているか、否か？

・装丁、活字、表紙、デザインなど、好きな本に、共通点はあるか？

ひとり会見でしめあげろ

考え得る限りの質問を、自分に浴びせかける。執拗に、ねちこく、いろんな角度から聞く。「ひとり記者会見」でつるし上げる。

そうやって初めて「そうか。わたしは〇〇だから、本が好きだったのか」と得心のいく回答を、自分から引き出せる。自分が驚くくらいに意外な答えであれば、他者（読者）も、多少の興味を持って読んでくれる可能性はある。なければ、まだ記者会見が足りないんです。再び問い、糺《ただ》す。しつこく聞け。自分に対しては、いくら粘着してもいいんです。

自分の、考えていること、感じていることを、文章に書くのではない。逆です。文章を書くことによって、自分の考えていたこと、感じていたことを知る。

文章は、終わってから、始まる。

先にあげたしつこい質問群に対して、飾らず、正直に、答えていく。「なかなかおもしろい、あまり言われていない、独自な話なのでは？」と思える答えに突き当たったら、それが「転」になっている。また、これこそがＡＩの書けない領域です。なぜなら、答えられるのは、筆者本人だけだから。

文章とは転である。

文例1の場合、全体が起と承で覆われています。だから、だれている。たいていの文章初心者はそうです。ぐっと縮めて、転を厚くする。読者は転を読みたいんです。

文章とは人格である

具体的にどのように転を「考える」のか。その方法論として、かつて五つの定式を示したことがあります。①古今②東西③順張り④逆張り⑤脱臼と名付けました。前著の

『三行で撃つ』に詳述したので、ぜひ参考にしてほしい。

ここでは少し違うことを論じます。

①古今とは、歴史を調べること。自分の書こうとしているテーマについて、昔の事例を調べる。②東西とは、地域を調べることです。外国ではどのようにとらえられてきたかを調べる。調べると、自分の考えが伸びる（場合がある）。

たとえば「ＡＩ時代にライターは生き残れるか」といったテーマが与えられたとする。わたしはおそらく、①から⑤までのタイプで、それぞれ転を考えつくと思います。

しかしそれは、特別わたしになにか能力があるからじゃない。いままでの読書は、もちろん大切です。しかしそれだけじゃない。わたしの喋り方。わたしの人との付き合い方。つまりはわたしの生き方。そうしたものがすべて現れてしまうのが文章なんです。転なんです。

文章とは人格のこと。「文は人なり」とは、そういう意味なんです。転とは、人格です。人柄が出てしまう。

読者のみなさんは、あたりまえですがわたしとは違う人間です。違う人生を歩み、違う人格を持っている。生きている人からは、転が出ます。

だから、生きてる以上は大丈夫なんです。ただし、懸命に生きなければならない。ぼやぼやしてるんじゃない。懸命に生きろよ、と。

文章を書くとは、そういう話だったんです。

転の五類型を覚えるというのはむしろ小手先の技術で、それよりなにより、深く、感じなければならない。深く、考えなければならない。

ここまでをまとめると、転とは「考えること」「感じること」だとパラフレーズしてもいいでしょう。①思考のレッスンであり、②感性のレッスンですね。文章を書くというのは、人生を濃くすることだったんです。また、それは練習でできるようになるというのが、本書の一貫した主張です。

ふつう、〈①思考〉は練習で鍛えられると思われています。ありていに言えば、たくさん本を読めばいい。それはその通りです。これについてはやはり前著『百冊で耕す〈自由に、なる〉ための読書術』（CCCメディアハウス）で詳述しています。思考の練習には、方法がある。

一方で、多くの人は〈②感性〉を、生まれついてのものと考えています。感受性の深い人、感受性の鈍い人、これはもう生まれつきだ、と。

そうではない。ものを感じる力は、練習で磨くことができる。感性は、いわば「筋トレ」で身につけることができる。

次章から、その方法論を書きます。

第二章

準備篇

感性は鍛えられる

おれが昔夕焼けだったころ、弟は小焼けだった
父さんが胸焼けで　母さんが霜焼けだった
分かるかなぁ
分っかんねえだろうなあ

松鶴屋千とせ師匠の漫談で、一世を風靡しました。「夕焼小焼」の童謡をジャジーに歌ったあと、漫談が始まります。これ、読者のみなさんは「分かり」ますか？　いまのわたしは、なんだかしみじみと分かる気がする。

元になった童謡はこうです。

夕焼け小焼けで　日が暮れて
山のお寺の　鐘がなる
お手々つないで　みなかえろ
からすといっしょに　かえりましょ

この童謡を強制的に歌わされたのは小学生時代。歌が、しみいるように「分かって」なんかいませんでした。わたしは東京・渋谷生まれで、近くに寺なんかありゃしない。そもそも、夕焼けも、ほんとうには見たことがない。生家は、小さな家が密集していた商店街の一角にありました。夕焼けの太陽なんて、雑居ビルに阻まれて、見えない。

いま住んでいる土地だと、そうではない。

わたしはいま、九州の小さな村に移り住んでいます。作家が本業ですが、そのかたわら、米百姓や鉄砲撃ちの猟師として、泥田をはいずり回り、山奥で血だらけになっている。

仕事を終えて家路につく。疲労で身体は重いのですが、同時に充実感で快くもある。遠くで、寺の鐘が響く。からすが鳴く。

山の稜線が、だんだんあやふやになってくる。深い緑の森が、黒くなる。空を横切って傾き、大きな球体となった太陽が、朱色に燃えている。恒星表面のフレアーが見えるみたいだ。穏やかな内海の水平線に沈む。ゆっくり、しかし速度を増して、線香花火のように、海に落ちる。「ジュッ」。水につかる音が聞こえるよう。

夕焼けの充足感と寂寥《せきりょう》感とを、いまは身をもって知るようになりました。

「なにも見ていない」のが出発点

わたしたちは、ふだん、ものなど見ていない。そのことを、よくよく肝に銘じる必要があります。見ないで、書いている。先人の表現を、そのまま借りている。

晴れ渡った秋空を見て「抜けるような青空」とつい書いてしまう。紅葉する山々を「燃えるような紅葉」、陽光きらめく夏の砂浜を「白砂青松」などと調子に乗ってしまう。

これは、言語の本質上、仕方がない側面もあります。言語は、複数の人間のあいだに了解事項がないと、やりとりできない性質をもっています。「抜けるような青空って、あれね。分かる分かる」という、相手のイメージ喚起力を期待したやりとりが、言語の本質でもある。

わたしたちは、なにも見ていない。そう自覚するのが、すべての出発点です。

自分が、空に、山に、なにを見たのか。どう感じたのか。徹底して、こだわり抜く。納得するまで、答えを探す。

やはり過去の名文を参考にするのがいちばん早い。第三章で詳しく見ていきます。ここでは準備篇、最低限の四つ、心がけを列挙しておきます。

その一 「もの」に変換する

やはり童謡の「もみじ」は、子供には分からないんじゃないかな。大人になり、いくつもの秋を迎えなければ、ほんとうには味わえない。

秋の夕日に照る山もみじ
濃いも薄いも数ある中に
松をいろどる楓《かえで》や蔦《つた》は
山のふもとの裾模様

渓《たに》の流れに　散り浮くもみじ
波に揺られて　離れて寄って
赤や黄色の　色さまざまに
水の上にも　織る錦

高野辰之作詞。名文です。

なにしろ比喩の勝利です。紅葉を見つめる。するとそこに、色あでやかな着物、和服が透視されてくる。まるで花嫁衣装のよう。金、銀、赤、黄などを織り込んだ、手のこんだ裾模様。

水の上では、落ち葉が揺れている。動きのあるそのさまは、錦を機織りしているようだ。

注意が必要なのは、ここでただ安直に文章を引っ張ってきてまねをするのでは、「抜けるような青空」と同じだということです。

そうではなく、その感性の「構造」を、わたしたちもお借りする。色をよく観察する。動きをよく見る。すると、衣装のように見えてくる。織機が現れる。

五感を使って、色や形状、動きを、別の「もの」に変換する。イマジネーションを働かすということ。

想像する。
心に描く。
思い込む。
つくりあげる。

ジョン・レノン「イマジン」と同じこと。想像するから、可能性が生まれる。

その二　視覚に寄りかからない

「五感を使う」と言うとき、わたしたちの表現は視覚に偏りがちです。人間は、ほとんどの情報を目から入手している。だから当然ではあります。

逆に言うと、ここにチャンスがある。視覚以外の感覚を意識する。聴覚、嗅覚、触覚、味覚ですね。

先の「夕焼小焼」の童謡だって、よく考えれば、五感を使った名文です。

まずは「色」が豊かです。夕焼け小焼けで日が暮れる。オレンジ色に「焼ける」。山の緑が深まる。稜線があやふやになる。やがて闇色に包まれる。しかし空はまだ青い。

「音響」もあります。寺の鐘が遠くで鳴る。からすの鳴き声。子供たちの、別れ際に交わすあいさつも聞こえてきそうだ。

「触覚」もあります。少し肌寒くなってきた秋の夕暮れ。友達の手のあたたかさ。やわらかさ。

とくに聴覚は、視覚に次いで、文章を書くときに頼りになる感覚です。人間は、空気がないと生きていけない。そして、空気がある以上は振動で音波が発生します。「音」を、注意してつかまえる。その意識だけで、文章は息づいてきます。

わたしは仕事でアメリカに住んでいたことがあって、そのときは、アメリカ全土をよく旅しました。行っていない州はハワイやアラスカなど四つだけ。

飛行機を降り立ち、レンタカーでモーテルに向かうとき、なにはともあれ、その街のフリーペーパーを探します。ニューヨークのビレッジ・ボイスがいちばん有名ですが、アメリカではどんな小都市でも、週刊の無料タブロイド紙があるものです。いまはネットに取って代わられてたいへんつまらない時代になりましたが、そのウィークリーペーパーを手に取ると、街の雰囲気がたいてい分かるようになります。

なかでも、うしろのほうに掲載されている音楽記事と広告をじっくり見ます。小さなクラブ（日本でいうところのライブハウス）の広告です。そこで、今夜行くクラブを物色する。自分でも知っているバンド名がいくつか載っているもので、そんな些細《ささい》な情報からあたりをつける。小さなクラブには、観光客は来ません。日本人なんか絶対いない。ローカルのための社交場になっているんです。

そこで酒を飲み、人々を観察する。下手な英語でバーテンダーに話しかけてもいい。すると、街の空気がよく分かる。東部のニューヨークやボストン、ワシントンDCと中西部のシカゴやデトロイト、南部のメンフィスやナッシュビルやニューオーリンズやオースティン、西海岸のロサンゼルスにサンフランシスコ。ほとんど違う国なんじゃないかというくらい、街の空気が違う。特徴がある。「アメリカの田舎町はどこに行っても同じ」と知ったかぶりをする新聞社の特派員がいましたが、なにも見ていないですね。「見ていない」というより、「聴いていない」といったほうがいい。新聞記者に音楽好きってとても少なくて、ローカルクラブで無名バンドを聴こうなんて物好きはいません。音楽を聴き分けられないから、行ってもよく分からないんです。

わたしには、そういうクラブでバンドを聴いているのが、発狂するほどおもしろかった。土地によって、はまる音楽の種類が違うんです。ナッシュビルでは、昔ながらのカントリーミュージックが、しみじみ染みる。ジーンズにブーツ、テンガロンハットでアコースティックなギターを弾きつつ、古くさくて暗鬱な曲をぼそぼそ歌う。メンフィスではディープな重たいソウルでしょう。

フィラデルフィアのダウンタウンでもぐりこんだバーは、客は黒人ばかりで、バーテンダーには刑事かと疑われました。ジュークボックスから突然流れてきた（わたしがカネを入れたんですが）ジェームズ・ブラウンに、店中の女性が狂喜して踊り始めたときは、びっくりした。盛り上がって、黒人客のおじいちゃんに酒をおごられたし、楽しかったなあ。ＪＢのファンクミュージックは、もちろん日本にいるときから聴いてはいたんですが、へんな言い方ですが、ＪＢの聴き方があの地で初めて分かったんです。ＪＢは、いわばテクノ／ハウスのように聴く。踊り狂って聴くための音楽だから、単調な繰り返しが生きる。

音楽を聴き分けると、「街」を描くことができる。街や人を、文章で描き分ける。それは、耳を持っていればこそです。音楽だけに限らない。世界は音にあふれている。聞き分ける耳がないだけなんです。

聴覚、嗅覚、味覚、触覚をフル動員して、世界を観察する。五感をもっている人が、世界を豊かに描くことができます。

その三　安易な形容はしらける

五感を意識して世界を観察するにしても、注意が必要なのは、たとえば音をなにかの形容詞で表す、あるいは比喩表現に置き換える、そのことじたいを求めているわけではないことです。

わたしは音楽評論家でもあるので、いままで数知れずＣＤやライブの評を書いてきました。だから分かるんですが、音を文章に移し替えるのは、とても難しい。

「澄み切った高音のボーカル」
「エッジの立ったギター」
「粘りつくようなリズム」

ポピュラー音楽評を読んでいると、こんな表現にたびたび出会います。

それぞれ悪くはないんですが、しかしいずれも「抜けるような青空」「燃えるような紅葉」といった常套句《じょうとう》と、五十歩百歩。たいして変わりありません。

聴覚だけに限りません。嗅覚や味覚はとくにそうですが、「とろけるような」とか、「しびれるような」といった、「〇〇のような」比喩表現は、すぐに陳腐になる。

むしろ、ここでは音や匂いや味を、比喩で表現しない方法をまねしてみるんです。詳しくは、次章に譲りますが、ここでは一例だけ。

そのコーヒーを僕は四口ほどで飲んだ。飲むほどに、つまり四段階に分けて、僕は整理し直され、核心へと導かれた。その結果として、飲み終えたときの自分が、じつにすっきりと覚醒された自分であることを、僕は純粋な幸福として自覚した。

ベートーヴェンとコーヒーをPCで検索すると、コーヒー豆は一杯につき60粒だった、という数字が出てくる。ごく当たり前の一杯のコーヒーだ。12粒という自分の記憶を僕はどうすればいいのか。

作家の片岡義男さんが新聞に寄稿したエッセイです。

コーヒー好きで知られたベートーヴェンは、一杯につき十二粒をきっちり数え、コーヒー豆をひき、飲んでいた。片岡さんが、どこかで〝誤って〟記憶していたということを語ったコラムです。なんとも不思議な読み心地を残します。

この文章からは、たった十二粒を大事そうにひくコーヒーミルの音が聞こえてきます。十二粒なんだから、きっと小さな、エスプレッソのようなカップなんでしょう。四口で飲み干せるような少量。これほど大事そうに飲むのだから、きっと湯の温度にも注意しているはずです。沸騰する直前に、火から下ろす。粉末となった豆の上から、少しずつ、湯を注ぐ。泡立つ音が聞こえる。高い香りが、部屋に広がる。お気に入りの、小さなカップを両手で包む。苦みの濃い深煎りか。フレッシュな酸味があるものか。日によって豆を変えているのかもしれない。

音、香り、触覚、味覚が、文章から立ち上がってきませんか？　わたしには、そう読める。

整理し直され
核心へと導かれ

すっきりと覚醒され
純粋な幸福として自覚

コーヒーを飲むというだけの行為に、適切な文飾がされると、味も香りも温度も音も、立ち上がってくるものです。

五感に訴える文章というのは、なにも、嗅覚なり味覚なりを、気の利いた形容語や比喩を用いて書くということではない。そこをしっかり覚える必要があります。

その四　名文の引き出しをもつ

日本語で書かれた文章を、たくさん読みましょう。そして、好きになった言葉を、書き写す。よほど好きなら、覚えてしまう。名文のストックを作ること。これにまさる鍛錬方法はありません。

五感を使った文章には、とくに注意してみる。なぜ、自分がその文章を好きになったのか。好きになった理由を考える。つまり、名文を分析する、ということです。なぜ好きなのか、家族でも、恋人でも、友人でも、説明してみたらどうでしょう。わたしの用語法では、ナラティブしてみる。ただ「好き」ではない。なぜ「好き」かを考える。考えて、言葉に移し替える。

そうすると、文章の構造が分かるんです。構造が分かるから、応用がきく。こんどは自分でも書けるようになる。

第三章は、わたし自身の「名文の引き出し」です。なぜ好きなのか、ナラティブしていきます。

これはわたしの引き出しであり、ナラティブの例です。読者にはそれぞれ好きな名文の引き出しができるはず。それを、言葉にする、ナラティブする。

そのとき、読者の五感はかなりの程度、研ぎ澄まされているはずです。感じやすくなっている。

第三章

理論篇

名作で味わう文豪の五感

それではさっそく始めます。文豪に教わって、五感で表現する文章の引き出しを作る練習。まずは自分で読んで、「感じがいいなあ」という文章を書き写してみる。書き写した文章を、折に触れて何度も読み返す。そうすると、「なぜ、自分はこの文章が好きなのか」が分かってきます。できればそれを言語化して、親しい人にナラティブする。以下は、その実例と思って読んでください。五感を生かす、という観点で、わたしの引き出しをいくつか開けてみました。

① 視覚で書く

とにもかくにも、自分の目で凝視する。世界をよく観察することです。他者が作った常套句で、つまりは他者の目で世界を見るな。

しかしわたしたちは、どうしたら世界を「よく」観察することができるか。新しい視線、語彙を獲得できるのでしょうか。

常套句にくもった眼鏡をきれいに拭き取る。そのためには、文豪の目の使い方を学ぶにしくはありません。

宗助が机の前の座蒲団を引き寄せて、その上に楽々と胡坐《あぐら》を掻《か》いた時、手拭と石鹸《シャボン》を受取った御米は、

「好い御湯だった事？」と聞いた。宗助はただ一言、

「うん」と答えただけであったが、その様子は素気ないと云うよりも、むしろ湯上りで、精神が弛緩した気味に見えた。

（略）「しかしああ込んじゃ溜《たま》らないよ」と宗助が机の端へ肱《ひじ》を持たせながら、倦怠《けた》るそうに云った。宗助が風呂に行くのは、いつでも役所が退《ひ》けて、家へ帰ってからの事だから、ちょうど人の立て込む夕食前の黄昏である。彼はこの二三カ月間ついぞ、日の光に透かして湯の色を眺めた事がない。それならまだしもだが、ややともすると三日も四日もまるで銭湯の敷居を跨《また》がずに過してしまう。日曜になったら、朝早く起きて何よりも第一に奇麗な湯に首だけ浸ってみようと、常は考えているが、さてその日曜が来て見ると、たまに悠《ゆっく》り寝られるのは、今日ばかりじゃないかと云う気になって、つい床のうちでぐずぐずしているうちに、時間が遠慮なく過ぎて、ええ面倒だ、今日はやめにして、その代り今度《こんだ》の日曜に行こうと思い直すのが、ほとんど惰性のようになっている。

（夏目漱石『門』）

本書では夏目漱石からの引用が多くなります。なにせ近代日本語散文で最大の名文家は漱石先生なんだから、仕方ありません。

主人公の宗助が愛妻の御米とかわす、なんということのない会話。わたしはこの部分が大好きで、暗記するくらい、繰り返し読んでいます。

宗助と御米は、不義の恋で一緒になった過去があります。それがために親兄弟から縁を切られ、社会の片隅でつましく生きている。一対のかよわき男女です。

宗助の小さなぜいたくは、近所の銭湯で湯につかること。しかし、給料の少ない役人で、そのくせ業務は忙しく、夕方、なかなかゆっくり風呂に入ることもできない。

わたしも東京にいた時分、湯屋が好きで、散歩ついでに東京中の銭湯を訪ね歩くという、妙な連載をしていたことがある。だからか、とても引きつけられる文章です。

なにより素晴らしいのは、ここですね。

日の光に透かして湯の色を眺めた

「湯の色」って、なんでしょう。太陽光は、水＝H_2Oに吸収されず、通り抜けます。

手にすくった湯に、色のあるはずがありません。宗助が見ていたのは、自分の手のひらの、肌色なのでしょう。しかし、湯に色を見る発想がすばらしい。

役所から帰り、妻に石鹸と手ぬぐいを渡され、夕暮れ、銭湯に向かう。混雑した湯船ではあるが、それでも肩まで温かい湯に身を埋めると、思わず知らず、ため息が漏れる。漱石は、そうは書いてはいないんですが、しかし、「日の光に透かして湯の色を眺め」と書くだけで、光景がまざまざと脳裏に浮かぶ。湯の色だけではない。湯のぬくもり、石鹸の香り、蒸気までが、立ち現れる。「湯の色を眺め」るという、レトリック（修辞）の効果です。

好きなものを偏愛する

白晳《はくせき》人種の婦人に接近し得ることは、私に取って一つの喜び、――――いや、喜び以上の光栄でした。（略）私が西洋の婦人と握手する「光栄」に浴したのは、その時が生れて始めてでした。私はシュレムスカヤ夫人がその「白い手」を私の方へさし出したとき、覚えず胸をどきッとさせてそれを握っていいものかどうか、ちょっと躊躇《ちゅうちょ》したくらいでした。

ナオミの手だって、しなやかで艶《つや》があって、指が長々とほっそりしていて、勿論《もちろん》優雅でないことはない。が、その「白い手」はナオミのそれのようにきゃしゃ過ぎないで、掌《てのひら》が厚くたっぷりと肉を持ち、指もなよなよと伸びていながら、弱々しい薄ッぺらな感じがなく、「太い」と同時に「美しい」手だ。――と、私はそんな印象をうけました。そこに嵌めている眼玉のようにギラギラした大きな指環《ゆびわ》も、日本人ならきっと厭《いや》味《み》になるでしょうに、却《かえ》って指を繊麗に見せ、気品の高い、豪奢《ごうしゃ》な趣を添えています。そして何よりもナオミと違っていたところは、その皮膚の色の異常な白さです。白い下にうすい紫の血管が、大理石の斑紋《はんもん》を想わせるように、ほんのり透いて見える凄艶《せいえん》さです。私は今までナオミの手をおもちゃにしながら、

「お前の手は実にきれいだ、まるで西洋人の手のように白いね」

と、よくそう云って褒めたものですが、こうして見ると、残念ながらやっぱり違います。白いようでもナオミの白さは冴《さ》えていない、いや、一旦この手を見たあとではどす黒く

さえ思われます。

（谷崎潤一郎『痴人の愛』）

人種主義すれすれの記述だと思うし、わたしには正直、よく分からない感覚なのですが、いずれにせよ、谷崎が主人公に語らせている、白い手への憧憬、この文章じたいが「凄艶」です。

凄艶：ぞっとするほどあでやか、なまめかしい

色の白さを、よくよく観察する。どう白いのか。なぜ白いと自分は感じるのか。ほかの白さ（ナオミ）と比べてどこが違うのか。

白さをなす成分を析出する。適切な言葉で腑分けする。

ここからわたしたちが学べることは、自分の好きなもの、愛してやまないものを、書いてみるということです。じっくり、いや、「ねっとり」と表現したほうが適切か、谷崎の筆のように、なめまわすように観察する。

犬や猫を溺愛している人はたくさんいます。わたしも、そう。猫には逆らえない。猫

を飼ったら、猫に生活を支配されてしまう。それぐらい好きです。

人によっては、自分の子供、なかでも赤ん坊がそうかもしれない。

動物でなくても、薔薇や桜などの植物、海や山、スイーツなどの食べ物、なんでもいい。

あるいは、罪悪だって、この際は（文章においてだけは）構わない。マルキ・ド・サドは、殺人や強姦や汚物や獣姦や、およそ吐き気を催すような行為にたいする偏愛を、これでもかと書いていています（『ソドムの百二十日』『悪徳の栄え』）。

それはともかく、自分の愛してやまないもの、引きつけられるものを、じっくり観察するんです。白を、単に「白い」と書かない。


白い下にうすい紫の血管が、大理石の斑紋を想わせる

なぜ好きか。考え詰めれば、わたしたちにだって出てくる表現のはずです。

だって、好きなんだから。

見えないものを、見る

日が山の際に近づき空が黄金に変り始め仕事を終えるために人夫らに言って、二手に別れて道路の片付けと仕事の段取りを始めたのだった。山の現場は日が暮れるのが街中より随分はやかった。空が明るく黄金と青と朱に光っているが、さっきまで輪郭がくっきり見えていた草も木も急速に光を喪くし形が曖昧になりはじめた。秋幸はその一瞬が好きだった。体に溜った土方の甘い疲労が、草も木も山も川も輪郭を喪くしはじめる薄闇の中で、血管をせきとめて破り、皮と肉が外に溶けはじめ、秋幸は一日を日と共に汗を流して働いたと感じた。蟬がまだ取り残されたようにすだいていた。道具を担ぎあげる手、肩、足が日に染まり赫かった。

（中上健次『枯木灘』）

土方仕事を監督している主人公の秋幸が、仕事を終えて引き上げるときの描写です。

わたしも、作家生活のかたわら米百姓をし、冬には鉄砲撃ちの猟師になります。百姓も猟師も、激しい肉体労働です。だから、この描写の美しさが汗で分かる。

秋幸はその一瞬が好きだった

なぜ、好きなんでしょう。

まずは夕日の美しさですね。燃える夕日は、周囲の物体を、黄金や青や朱色に照り輝かせます。

その次が、うまいなと思います。見えたものではなく、「見えないもの」を書く。

夏の昼の強い光で、いままでは輪郭がくっきり見えていた草や木が、夕暮れとともに、光を失っていく。「輪郭を喪くし」ていく。見えなくなるものを、見ている。

夕まぐれ。黄昏《たそがれ》。

たそがれどきとは、誰《た》そ彼《かれ》どきです。向こうにいる彼が、誰なのか分からない。

Les bois sont déjà noirs, le ciel est encor bleu ...

森はすでに黒く、空はまだ青し…。

（プルースト『失われた時を求めて』）


草も木も山も川も、輪郭が溶けていく。森はすでに黒い。

しかしその瞬間は、「体に溜った土方の甘い疲労」が、体の外に溶け出していくときでもある。一日の肉体労働の疲れ、それは、達成感でもあります。

今日も、よく生きた。空はまだ青い。

手にまめを作った者にしか分からない、そんな甘い充実感に、体の疲労も喪くしていく。外界とまじりあう。

見えるものばかりを見るのではない。見えないもの、喪くしていくものをこそ、よく見つめる。

「見る」のは、なんのためか

次も、夕暮れどきの文章です。ロシアの詩人ですが、日本に住み、日本人の感性もよくわかっている。山がちな島国日本の夕暮れと、大平原の大陸国であるロシアの夕暮れとは、だいぶ違う。

日の暮れどきは、白ワインさえ赤ワインになる。昼間、ただ赤かったはずの、たとえばトマトなどは、凄まじいほど赤みを増す。

影も夕べとともに大きくなる。分刻みで、電柱や給水塔の影が、本体から必死の逃亡をはかるかのごとく、どんどん長くなっていく。人間だって陰影を増してくる。子どもがエッフェル塔も顔負けの影をつくるし、大人の影なら地平線までのびていく。そんなとき、いつも自分の影を見下ろしては靴底で踏みつけたりしている人間は、思い知るのだ——ああ、おれは影に負けた、と。そして今度は、自分のほうが影の哀れな付属物に成り下がってしまうのである。

夕方から夜にかけて、人はものを思うようになる。騒がしい人も、寡黙になる。じっと手のひらを見つめたり。人生とか、世界とか、そんな大きな言葉も頭をよぎる。

（ヴェチェスラフ・カザケーヴィチ『落日礼讃』）

夜には誰しも、活動的な存在から見る存在へと変貌を遂げる。一日の仕事を終えると、もうあとは何事も本気でやらないといった顔になる。ところが、じつはそのとき、わたしたちは、天地創造後に為すべき主要な仕事が唯一「見ること」だった神という存在に、たぶん、近づいているのだ。

そしてどの民族にも、夜ごとの瞑想のための、特異な、いつものやり方がある。赤毛のイギリス人は、ジンの入ったコップを片手に焚きつけた壁暖炉《カミン》を見つめるだろうし、静かな日本人は、燗した酒の盃を掌で温めながら炎もなく燃える火鉢の中を眺めるのである。（略）では、ロシア人はどうか？　彼らは手ぶらで入り日を眺める。

（前掲同書）

よく、見る。
それはなんのためでしょう。本書の趣旨では、いい文章を書くためです。書くことは、なにしろ、よく見ることから始まります。でも、そもそも、なぜよく書こうとするのか？
それは、わたしたちの人生も、この世界も、宇宙も、時間でさえも、有限だからです。いずれ、終わる。

だが今、青春でも何でもない齢になって、いろんなことがはっきりしてきた。それは、太陽がまさに消滅するとき、もし奇跡が起こって、わが身が無事だとわかったら、もうどんなことがあっても自分は、みんなと一緒に脱出などせず、地球に、それもぜったいロシアに独り残って、古ぼけた田舎のベンチで最後の落日を眺めるだろうということ——。

無人と化した惑星で、柵にもたれながら、ひょいとベンチに跳びのってきたどっかの猫と一緒に、それぞれがそれぞれの思い出に囲まれて、束《つか》の間、地平線にぎらぎら入り日が燃えるさまを心ゆくまで堪能するというのは、なんと厳粛な、心ゆさぶる満足

であることだろう！

世界は真っ赤に染まり始める。白樺は深紅に、松は金色《こんじき》に。巨大な火の玉は徐々に平野の果てに沈み、燃え上がる窓は色褪せ、霧は川面《かわも》を流れ……

もうこれでおしまい。ああ、懐かしい友よ、わたしたちはなんという阿呆《あほう》だろうね、自分たちの太陽のことを気にもとめずに生きてきたなんて！

（前掲同書）

もしも今日が、人生最後の日だとしたら？　地球の最後だとしたらどうでしょう。わたしたちがいままで見てきたものが、どれだけ美しかったか、気付くんでしょうね。空も、雲も、静かにうねる波も、小川の飛沫も、なんでもない樹木、その葉っぱの一枚一枚がそれぞれに違う色だった……。

自分は、なにも見てこなかった。そのことに、やっと気付く。

世界は美しい。人生は甘美だ。

ゴータマ・シッダールダ、お釈迦様は、死ぬ間際に、そう話したと伝えられます。わたしには、とてもほんとうらしく思えるんです。

世界は美しい。人生は甘美だ。わたしたちが、それを見ず、永遠に続くものと思って、気にもとめずに生きてしまっただけなんだ。

よく、見る。

それは、「よく、生きる」ことと、ほとんど同義です。

②聴覚で書く

津軽三味線の大名人・高橋竹山は、幼いころに視力を失いました。苦労したのち世に認められ、自伝を口伝えしています。

雲竹さんのうたう唄を、自分でもうたえるようになると、小湊の家の裏の山へ一人でいくんだ。ゴザ敷いて、そこで自分で唄いながら、口三味線で、唄の気持を三味線にしてみるわけだ。

頭が疲れてくると寝ころんで、なにも考えないでじっとしていた。そのうちにいろいろな鳥の音がきこえてくる。鳥もただ鳴いてるんでねえな。あそこで鳴いてるうぐいすと、ここのうぐいすとちがう。

それまでは鳥の鳴き声をそんなふうにきいたことなかったが、三味線の節《ふし》のことを考えながらきけば、やはり山のひびきというものがあることがわかった。山にも山の気持というものがあるなあ、ということに気がついた。山はにぎやかなもんだ。
また規則というものもあって、鳥にも休みがあるらしい。いつまでものべつに鳴いていない。三十分なら三十分、一羽が鳴けばみな時間がきまっていていっせいにさわぐ。十分、二十分、また音がなくなる。しばらくするとまた始まる。
鳴かない時はなにか拾ってくっていたり、水浴びしたり。鳥だけでない、兎もいるらしい、そういう音をききながら、三味線の手を考えた。（略）
山は好きだなあ。なもしゃべる人もいねえし、邪魔ねえし、山の匂《かま》りして。ごろっと横になって寝れば、なにもかも忘れてしまうじゃ。苦労したことも、辛かったことも過ぎてしまえばなもなくなるのせ。

（高橋竹山『津軽三味線ひとり旅』）

わたしたちは、こんなふうにして世界の音を聴いているでしょうか。よほど音を聴いていない。そう自覚せざるを得ません。目を閉じる。横になる。

Close your eyes and I'll kiss you. Tomorrow I'll miss you.
目を閉じて。口づけするから。明日になれば、消えちゃうかも。
なにもかも、忘れてしまうじゃ。過ぎてしまえば、なもなくなるのせ。

無音の音を聴く

わたしは猟師をしているので、冬の山に一人で入ります。えものを追い、人の通わない奥へ奥へと入り込む。

あるとき、仕留めたえものを追っていて、山の中でかすかに人声がするのに気付きました。わたし以外、だれもいないたいへんな山奥です。最初、ほかに猟師でもいるのかと思い、あたりを見回した。だれもいない。わざと咳払いなど、してみる。なにも応えない。

またしばらくすると、こんどははっきり聞こえる。なにか、うめいているような声です。昼間ではあるんですが、少し薄気味悪くなってきた。

風が、吹く。

と、「グウウウ」といううめき声が、また聞こえる。なんだかいやになって、えものを探すのを諦め、帰ろうとしました。するとこんどは強い風で、背の高い常緑樹が、大きく揺れた。高木と高木の上部が、こすれ合う。

うめきとは、この音でした。


なあんだ。おどかすな。

そう思いますか？　違う。おどかしたんじゃない。

山の中には、うめき声も、人の話し声も、けものの歩く音も、たしかに「在る」んです。音は、聴こうとしないと、耳に入ってこない。聴こうとすれば、世界に遍在する。

わたしたちが生きる世界に、無音はあり得ません。

古池や蛙《かわず》飛びこむ水のをと（松尾芭蕉）
柿くへば鐘が鳴るなり法隆寺（正岡子規）

たいへん有名な句です。教科書で読ませられました。そのよさが、身にしみましたか？　わたしは、さっぱり、でした。これを傑作と言われても、返事に困る。

まだ、感性が、できていなかったんです。


森閑とした池に、一人たたずむ。と、カエルが飛び込む音がする。逆に、水音がするから、自分のいる場所が静寂であることに気付く。

音というのは不思議な物理現象です。「鳴る」と言った瞬間に、「消える」。「在る」と同時に「無く」なる。

カエルの飛び込むしぶき、柿をかみ砕く音、ぼんやりした鐘の音。音がそこに「在る」から、音の「無さ」が際立つ。静寂の深さが、深くなる。

文章を書くと、世界を思い出す

一方には空を凌ぐほどの高い樹が聳えていた。星月夜の光に映る物凄い影から判断すると古松らしいその木と、突然一方に聞こえ出した奔湍《ほんたん》の音とが、久しく都会の中を出なかった津田の心に不時の一転化を与えた。彼は忘れた記憶を思い出した時のような気分になった。

「ああ世の中には、こんなものが存在していたのだっけ、どうして今までそれを忘れていたのだろう」

（夏目漱石『明暗』）

まるで満月のように星が輝く。天をつくような松の古木に気付く。気付くのは、古木そのものによってではない。「物凄い影」によって気付く。手が込んでいます。ここまでは、しかし、視覚です。

突然、かたわらから音が聞こえる。奔湍。川の急流です。視覚だけではない。聴覚も動員して、風景を現前せしめる。「こんなものが存在していたのだっけ」という主人公の慨嘆は、そのまま、読者の感慨になります。「こんなもの」「こんな音」があったことに気付く。文章を書くと、世界を思い出す。

どうして今までそれを忘れていたのだろう。

音楽を死体解剖している

音をどう描写するのか。形容したらいいのか。ここでは、分かりやすいので音楽を例にとって考えます。

もう二十年の昔の事を、どういう風に思い出したらよいかわからないのであるが、僕の乱脈な放浪時代の或る冬の夜、大阪の道頓堀をうろついていた時、突然、このト短調シンフォニイの有名なテエマが頭の中で鳴ったのである。僕がその時、何を考えていたか忘れた。いずれ人生だとか文学だとか絶望だとか孤独だとか、そういう自分でもよく意味のわからぬやくざな言葉で頭を一杯にして、犬の様にうろついていたのだろう。とにかく、それは、自分で想像してみたとはどうしても思えなかった。街の雑沓《ざっとう》の中を歩く、静まり返った僕の頭の中で、誰かがはっきりと演奏した様に鳴った。

（小林秀雄「モオツァルト」）

たいへん有名な書き出しです。小林は、文学に絵画に思想に歴史と、なんでもござれ、批評の神様と言われた人です。また、たいへん難解な文章を書く人でもありました。難しいんだけれど、啖呵のようで、斬りつける勢いに魅力がある。音楽評論もたくさんあります。

音楽を書くのは難しいんです。クラシックに限らない。ロックやソウル、ヒップホップにエレクトロ、どんな音でも、言葉に移すのはたいへん難儀です。

だから一時期、とくにクラシック音楽では、楽譜を採録して説明しようとする手法がとられました。クラシック音楽批評で日本を代表する評論家になった吉田秀和もしていました。

ポピュラー音楽でも、たとえばコード進行やリズムの分析により、音楽の魅力を文章で伝えようとしている批評家は、少ないですが、います。しかし、どうでしょう。わたしは、成功例をあまり知らない。

音楽を、まるで死体解剖でもするように、和音の成分、リズムの構造を解説したところで、それで「音の魅力」は伝えられない。

解剖するなら印象を

音を細かに分析するのではない。逆に、音から受けた自分の印象のほうを、細かに、丁寧に、死体解剖するように、明晰に書く。

スタンダアルは、モオツァルトの音楽の根柢《こんてい》は tristesse（かなしさ）というものだ、と言った。定義としてはうまくないが、無論定義ではない。正直な耳にはよくわかる感じである。浪漫派音楽が tristesse を濫用して以来、スタンダアルの言葉は忘れられた。tristesse を味う為に涙を流す必要がある人々には、モオツァルトの tristesse は縁がない様である。それは、凡そ次の様な音を立てる、アレグロで。（ト短調クインテット、K516）

（略）モオツァルトのかなしさは疾走する。涙は追いつけない。

（前掲同書）

かっこいい。かっこよすぎるかもしれない。

最後の一文があるからといって、楽譜を採録しているからといって、モーツァルトの弦楽五重奏が読者の頭の中で鳴るとは思えない。でも、聴いてみようかな、という気にはさせます。

音そのものを、正確に描写しようとしても、できない。だからこそ、印象を書く。自分の心の「動き」を書く。自分の感情がどう動いたか。自分の感性が、どう変わってしまったか。

よい音を聴き分けるのは聴覚ではない

時代小説家の五味康祐は、オーディオマニアとしても知られました。高額なステレオ装置を買い求めては、自宅でどれだけいい音を再生させるかに、血道を上げている。

そういう音色をひき出すために私は装置をいじってきた。ずいぶん無駄遣いをし、原稿の締切をほったらかし（じつは放ったらかすのではなく、思うように書けなくて）編集者の催促に、「ぼくには才能がないんだ、イジメないでくれ」と泣きごとを言い、それならはじめから約束などしなければよいものを、依頼があると、ホイホイ二つ返事で承諾し「がんばりまっさ。」なんの、ちっとも頑張らず音ばかりいじっている。家内は、書いて頂かねばお金がありませんと言う。そう言われると私はつらいので、「来月書く。きっと書く」さてその来月があっという間に来てしまう。一行も書いていない。

（五味康祐「音と沈黙」）

笑ってしまうユーモアがあります。

しかし、よく考えればこれもおかしな話なんです。そんなにいい音を、なぜ自宅で「再生」したいか。どんなに努力したところで、再生は再生。生の音ではない。録音物だ。それほどカネと時間をかけるなら、音響効果のすぐれたコンサートホールに行けばいいじゃないか。ベルリンやウィーンなど、外国に聴きに行ったっていい。

そんなふうに考えてしまうのは、縁なき衆生。わたしも音楽は大好きだけれど、オーディオ装置にはまるで無頓着。違いが分からないから、なのでしょう。

五味の文章を読んでいると、一生を賭けてしまうようなオーディオ装置から、はたしてどんな音が出ていたのか、知りたくはなります。新聞記者のすけべ根性で、生前にこのエッセイを読んでいたなら、なんとか取材の口実を見つけて五味先生のお宅へうかがい、音を出してもらおうか。そんなことぐらいは考えていたはずです。そのくらい、吸引力のある文章。

アンプに電気を入れて九時間を経過しているわけである。

――こうして一日がおわる。

約束の原稿はまるで書けず、かくてまた、次の月の締切が迫る、そんな繰返しをこの十年、私は重ねた。（略）とうとう締切に間に合わぬ時など、深夜、レコードを聴きながらぼくはどうしてこうなんだろうと頭を抱えている。家内は茶の間で紙と鉛筆を持ち、こっそり借金の利息の計算をしている。誰も知らぬ私たち一家の姿である。でも、私は思うのだ。こんな十年でも、確実に成果をあげたものがある。私の家で鳴っている音だ。間違いなしにそれは向上してきた。時には、なんという素晴らしい音だろうと自分で思い、こんな美しい音楽をわがものにして、何を憾《うら》むことがあろうとおもう。私ひとりに限らないだろう。世のレコード愛好家は、音を良くするのに同じような涙をどこかで流してきたに違いない。人はかん高い哄笑《こうしょう》で底知れぬ苦痛を表現することだってある。言ってみれば、そういう涙が、音楽愛好家の履歴になるだろう。良い音を聴き分けるのは聴覚ではない、各自が内部生活にもっている音《オーディオ》の歴史だ。（略）金にあかせて装置を替えれば音はよくなる。だが歴史をもたぬ人間はそれがどの程度いいかを知らない。

（前掲同書）

「音」をどう書くか、学ぶはずでした。しかし、ここに音は書かれていない。「素晴らしい音」とか「美しい音楽」とか、本来は禁じ手であるはずの常套句があるだけです。しかし、おおらかなユーモアがある。少し、しんみりもする。なんだか切なくなる。

ここにも人間がいる。

人間とはこういう生き物ではないか。不自然で、不合理で、自己満足で、怠け者で、オカルトで、強情っぱり。

音を、解剖学的に書くのではない。そんなの意味がない。音が響いては、消える、その自分の周りを書く。

深夜、静かに響くレコード。隣室で家計簿をめくり、借金の計算をする奥さんの、紙に鉛筆を走らせる音とため息。原稿用紙に、書き始めてはやめ、また書き出そうと逡巡している、作家の衣擦れ。

そんな「音」が、音楽を書かないことで聞こえてくる。

③ 嗅覚で書く

菊の香や奈良には古き仏たち（松尾芭蕉）

旧暦の九月九日、重陽のころでしょうか。まだ暖かい大和の田舎道。ほのかな菊の香り。点在する古寺。鐘の音。すべてが時の流れを長閑《のどか》にする道具立てになっている。イメージが自然に膨らむ。やはり名句というしかありません。視覚以外の感官を使う。意識する。それだけで、文章が少しオリジナルになります。

先刻《さっき》三千代が提げて這入て来た百合の花が、依然として洋卓《テーブル》の上に載っている。甘たるい強い香《か》が二人の間に立ちつつあった。代助はこの重苦しい刺激を鼻の先に置くに

堪えなかった。けれども無断で、取り除《の》ける程、三千代に対して思い切った振舞が出来なかった。

「この花はどうしたんです。買て来たんですか」と聞いた。三千代は黙って首肯《うなず》いた。そうして、

「好い香《におい》でしょう」と云って、自分の鼻を、弁《はなびら》の傍《そば》まで持って来て、ふんと嗅《か》いで見せた。代助は思わず足を真直に踏ん張って、身を後の方へ反《そ》らした。

「そう傍で嗅いじゃ不可《いけ》ない」

「あら何故」

「何故って理由もないんだが、不可ない」

代助は少し眉をひそめた。三千代は顔をもとの位地に戻した。

「貴方、この花、御嫌《おきらい》なの?」


（夏目漱石『それから』）

漱石の前期三部作（『三四郎』『それから』『門』）のひとつで、映画化もされた人気作です。掲出したのは、主人公の代助が、友人の妻である三千代に、二人きりで会う場面。

比喩に逃げない

このあと代助は、嵐に巻き込まれるように不義の恋にその身を持っていかれる。百合は、もちろん三千代の美しさ、あらがいがたい魅力を象徴している。死の象徴でもあったでしょう。

注意が必要なのは、五感を使った文章表現では、つい、やり過ぎてしまうこと。嗅覚や味覚を説明しようとして、修飾過多になる傾向がある。

書き過ぎない。

漱石も、印象的な百合の香りそのものについては、「甘たるい強い香」と書いているだけです。あとは、説明しない。香りは、代助と三千代の二人の間に、漂うままにさせている。

しかし百合の香りは、小説の要所要所で、再び現れます。防ごうとしても防ぎ得ない運命の奔流。そのことを象徴するように百合の香りが立ち現れる。

象徴としての香り

五月闇短き夜半《よは》のうたた寝に花橘の袖に涼しき

（新古今和歌集より慈円）

梅雨の季節、雨雲に覆われて星も出ない。夜は短い。うたたねしていると、橘の爽やかな花の香りをふくんだ風が吹き寄せてきた。

この時代、橘の花とは、昔の恋人を意味するという、歌人の共通認識がありました。夏の夜の夢に、昔の恋人が現れたのか。いい夢見たんでしょう。目覚めるのが惜しい。芭蕉の菊の田舎の長閑にせよ。漱石の百合の甘さの危険にせよ。慈円の橘の追憶の爽やかさにせよ。

香りを書くならば、理由があってほしい。なにかの象徴。理由もなく、ただ、表面だけをまねて香りをまき散らすのは危険です。

「そう傍で嗅いじゃ不可《いけ》ない」
「あら何故」
「何故って理由もないんだが、不可ない」

理由のない香りの下手な比喩は、わたしたちにとって致命的な害悪＝香害になります。

④ 触覚で書く

次もまた漱石先生に指南してもらいます。触覚、触った感じ、物体感です。

菓子皿のなかを見ると、立派な羊羹《ようかん》が並んでいる。余はすべての菓子のうちでもっとも羊羹が好《すき》だ。別段食いたくはないが、あの肌合が滑らかに、緻密に、しかも半透明に光線を受ける具合は、どう見ても一個の美術品だ。ことに青味を帯びた煉上方《ねりあげ》は、玉《ぎょく》と蠟石《ろうせき》の雑種のようで、はなはだ見て心持ちがいい。のみならず青磁の皿に盛られた青い煉羊羹は、青磁のなかから今生れたようにつやつやして、思わず手を出して撫《な》でて見たくなる。西洋の菓子で、これほど快感を与えるものは一つもない。クリームの色はちょっと柔かだが、少し重苦しい。ジェリは、一目《いちもく》宝石のように見えるが、ぶるぶる顫《ふる》えて、羊羹ほどの重味がない。白砂糖と牛乳で五重の塔を作るに至っては、言語道断

の沙汰である。

（夏目漱石『草枕』）

草枕の主人公は若い画家です。漱石も書画に深い含蓄がある。羊羹の色つやを的確にとらえているのはもちろん、まるで一個の美術品、陶芸品として、てのひらに載せて重さを確かめているような、なで回しているような描写。「青磁のなかから今生れたよう」なんて表現は、物体感、重さ、肌触り、つまり触覚を意識しなければ、とうてい生まれてきません。

触覚とは、モノが肌に触れたときの感触をいいます。実際に触れずに、感触を想像するのでもいい。モノといっても、羊羹やソフトクリームやゼリーのような、目に見えるモノである必要はありません。空気でもいいんです。これなら、全員が、毎日毎分、「触れて」います。練習にはもってこいです。

空気に触れた気持ちをとらえる

今朝の空気に触れた感触を、まずは口に出してみましょう。

夜の雨偸《ひそ》かに湿《うるほ》して
曾波の眼《まなこ》新たに嬌びたり
暁の風緩《ゆる》く吹いて
不言の口先づ咲《え》めり

（紀長谷雄『和漢朗詠集』）

春先の明け方。つい昨日まで、厳しい寒さで起きるのもつらかった。でも今朝は、夜に降った雨のせいか、少し空気が違う。ふと見ると、庭先の桃の花が咲き始めているようだ。

「不言の口」とは、「史記」からの引用で、桃李不言、つまり桃の花を指すのでしょう。

「曾波の眼」も桃の花のこと。

梅に続いて咲き始める花。二月の終わりから三月の初めです。そのころの、冬の空気と春の空気とが、微妙に入れ替わる瞬間を見事にとらえています。

こうした古典の文章を、そのまま、まねろというのではない。そんなこと、できるわけはないし、かえって滑稽です。そうではなく、感性の構造をまねしてみる。

ここでのポイントは、風が「緩く」吹く、という表現です。真冬の寒さを、「身を切るような」とか、「厳しい」寒さと、表現します。では、その冬がまさに終わらんとするとき、空気の触感はどうなるのか。少し、やわらいだ空気の温度を、「ゆるさ」としてとらえた。

四季の変化に富んだ日本列島に生きるわたしたちの祖先は、季節の移り変わりを、古代から敏感に感じ取り、それを言葉に移し替えてきました。

梅の香り。桜の色。新緑に映えるまっ白な洗濯物。さえざえと青い満月。秋の紅葉に、鹿の鳴き声。空から舞い降りてくる氷片。そうしたものに、「もののあはれ」を感じてしまう。

でもそれは、なぜなんでしょう。

生きるとは季節の記憶

生きているから。懸命に生きているから、なにかを感じる。感じているから、感じられるようになる。

ひどいトートロジー（同語反復）ですが、事実そうなんだからしかたがない。次の文章を読んでください。

中年男の「松井さん」が、秋の日にちょっと感傷的になっている。自分の気持ちと季節に、ズレが生じるんだ、と。

「恋愛に持ち込んでみたくなったり、感傷という感情に依存して、詩でも書いてみたくなったりね――」

（略）

「初恋の相手に投函しない手紙を書いてみたりね――」

（略）

松井さんが言っているようなことは僕にもいろいろ憶えがある。中学二年の夏休みの終わり近くに朝いつもの調子で庭に出たときに感じた予想外の空気の冷たさとか、中学三年の春休みにスキーから帰ってきた翌日の夕方に突然発見した外気の暖かさとか風のなさとか陽の暮れ方の遅さとかジンチョウゲの匂いとかのそういう全面的な春の気配とか、二十七だか八の失恋した二月の朝の、こっちの失恋と世界はまったく無関係に動いていることを知らせる朝陽の明るさとか、数えあげればきりがないし、きっと今日だって松井さんと似たような気分を藤沢駅のあたりで感じて帰ってきたのだろうけれど、僕はそれについては言わずに、

「しかし松井さんの年になっても、なお、そういうことを感じられるもんなんだねえ」

と言ったのだが、松井さんは「それは逆なんだ」と言った。

「年齢を重ねるっていうことは、季節の記憶の層が増えていくことなんだから。

（保坂和志『季節の記憶』）

生きるということは、「季節の記憶」を重ねること。空気に触れた「感じ」を、記憶する。言葉に移す。文章にしようと苦闘する。語彙が増える、すると、もっと鋭敏に「感じ」を覚知できるようになる。

感じるから、感じられるようになるんです。

⑤ 味覚で書く

イタリアの作家アントニオ・タブッキの小説は、須賀敦子の名訳でいくつか残っています。以下の文章は、第二次世界大戦前のポルトガルが舞台。日に日にファシズムの色が濃くなる不穏な空気が全編を覆っている。主人公のペレイラは新聞の文芸欄を担当する記者で、ひょんなことからファシストに追われる若者モンテイロ・ロッシを匿うことになります。

モンテイロ・ロッシが生ビールをたのんだのをみて、ペレイラは、白ワインはきらいなのかとたずねた。ビールのほうがいいんです、モンテイロ・ロッシが答えた、このほうがさっぱりしてて、軽いですし。それに、ワインはよくわからないんです。残念だね、それは、とペレイラが小声でいった。いい評論家になりたかったら、味覚も磨かなくち

ゃ。知識を深めて、ワインも食いものも社会も、ぜんぶわかるようにならなければ、ぜったいにだめだ。そして、彼はつけくわえた。それと、文学もね。

（タブッキ『供述によるとペレイラは……』）

若者をたしなめるペレイラの忠告が、いいですね。

「いい評論家になりたかったら、味覚も磨かなくちゃ」

本書の趣旨、ほとんどそのままです。いいライターになりたかったら、視覚はもちろん、味覚も、嗅覚も聴覚も触覚も磨かなくちゃ。五感を磨き、社会も人間もわかるようにならなければ、絶対にだめだ。

ファシズムにあらがう小さき人間の闘いを描いた傑作ですが、わたしにとって、これはポルトガルの料理小説でもある。ヨーロッパの西端、大西洋に突き出た海洋国。ヨーロッパでありながら、ヨーロッパでない。「アングロサクソンの民主主義なんて、この国に根付かない」と、作中人物が言ったりします。いくぶん、日本に似ていますね。

陽光まばゆい空。吹き渡る海風。豊富な海の恵み、新鮮な魚介料理。

小説を読んでいるとポルトガルに行きたくなる。学生時代に駆け足で旅行したことがあるのですが、海辺のレストランで食べた鰯のオリーブ焼きが、気絶するほどうまかったことを、この小説を読んでいて思い出しました。潮の香りがして、おまけに安かった。

食レポは品性がない

ところで味覚については、聴覚や嗅覚に比べて、どういうわけかみんな書きたがるんです。テレビの、妙な食レポの影響でしょうか。

塩味、酸味、甘味、苦味、旨味《うまみ》。〈味〉の感覚は、この五つ。そして、バラエティー番組やグルメ漫画で、もはや語彙は出尽くしているのではないか。口の中でとろける甘さ、さわやかな酸味、後からくる辛さ、出汁のきいた深いうまみ云々。

そして、わたしなどは、こうした食レポ表現が、なんだかグルメ気取りで鼻白んでしまう。少年時代たいへん貧しかったので、「食えるだけで幸せだ。うまいのまずいの言ってんな。黙って食え」と思ってしまう。食と性は人間にとって欠くべからざる生物的欲求です。生存に直結するだけに、事細かに表現するのは品位に欠ける。下司張っている。そういう認識は、冷静に持っておきたいです。

ならば、どうするか。

カルドーソ医師がウエイトレスに手で合図して、今晩私たちは、魚にします、とたのんだ。なるべくなら、網焼きか、ゆでたのを召しあがっていただきたいのですが、いや、料理法はかならずしもこだわりません。でも、網焼きの魚は、昼も食べましたから、ペレイラがいいわけをした。それに、ボイルした魚というのは、どうもきらいなんです。いかにも病院くさくて。じぶんが入院しているみたいな気持になりたくないのです。ホテルに来ていると思いたいんです。だからヒラメのムニエールにします。よろしいですよ、カルドーソ医師がいった。では、ヒラメのムニエールに、ニンジンのバター煮をつけて。私もそれにしましょう。

（前掲同書）

「きらいなんです」と書くだけで、ボイルした新鮮な魚の、潮を含んだ清潔な香りが、逆に漂ってくる。ヒラメとニンジンに絡まったバターの、肥満気味の主人公にはいかにもよろしくないだろう禁断の甘さ、黄色の汁、スプーンで簡単に割れる柔らかさが、眼前に浮かんできます。うまい文章です。

「味」を書くのではなく

タブッキが書くように、やはり評論家は味覚にすぐれているのでしょうか。わたしがいままで読んだ食のエッセイで最高の部類に入るのは、小林秀雄の文章です。アジア太平洋戦争のさなか、小林は一時期、中国でぶらぶらしていたことがあります。とくに美食家ではない。「支那料理では、ソバとマンジュウがいちばんうまい」ですましている。毎日まんじゅうばかり食べていると、そんなに好きなら本場のまんじゅうを食いに行けと、知り合いの中国人に勧められます。わざわざ揚州まで蟹まんじゅうを食べに出向くという、物好きな旅行記です。

大広間は雑然とならべられた大小のテーブル、その上に堆《うず》高く重ねられたまんじゅうの丸い蒸籠《せいろう》、これを取り囲んでパクつく人間ども、まんじゅうの温気《うんき》と人いきれ、声高い談笑、ボーイたちのかけ声、揚州の一日はまんじゅう屋から始まるといった景気である。実際、揚州の市民たちは、起き抜け、寝ぼけ眼で、ここに集まり、熱いタオルで眼を覚まし、新聞を読み、まんじゅうを食い、商談をはじめるのかもしれない。そんな趣である。

蒸籠には、枯松葉がいちめんに敷いてある。（略）その上に、まっ白なまんじゅうが、行儀よく、ふくれ上がって並んでいる。こいつを、あわててパクリとやってはいけない。中に、舌を火傷《やけど》しそうなおつゆが入っているからである。半分食いちぎろうとすれば、おつゆがこぼれてしまう。放っておけば、おつゆが外にしみ出てしまう。頃合を見はからって、パクリとやらなくてはいけない。（略）見事にふくれ上がった薄皮は、熱い蟹の卵のおつゆに、気持ちよく溶けるのである。

（小林秀雄「蟹まんじゅう」）

まんじゅうの湯気、朝から活気のある人いきれ、忙しく立ち働くボーイたち、食器のぶつかる音まで聞こえてきそうです。自分もこのまんじゅうを食いたい、というより、この場にいたい。

味覚にせよなんにせよ、五感は結局、文字では再現できないものです。だとしたら、その「場」を書いたほうがいい。場の、音や匂い、熱気を書く。

肝腎なことを忘れるところだった。まんじゅうは酢をつけて食うのである。(略)酢の中には、生姜《しょうが》が細かくきざみ込んである。

(同)

エッセイは突然、こう終わります。心憎いと言うほかない。「肝腎なこと」を忘れるわけがないです。周到に用意した決めぜりふ。やり過ぎは嫌みになりますが、この構文はテクニックのひとつです。肝腎なことは、最後に〝思い出す〟。

味覚に派手さはいらない

現代日本の作家で、味覚を文章に移し大人気な作家は、村上春樹をおいてほかにいません。たとえば、こんなのはどうでしょう。

ワインが決まると我々はメニューを広げて食事の作戦を立てた。選択にはかなりの時間がかかった。まずオードヴルに小海老《こえび》のサラダ苺《いちご》ソースかけと生ガキ、イタリア風レバームース、イカの墨煮、なすのチーズ揚げ、わかさぎのマリネをとり、パスタに私はタリアテルカサリンカを、彼女はバジリコ・スパゲティーを選んだ。

「ねえ、それとべつにこのマカロニの魚ソースあえというのをとって半分こしない？」と彼女が言った。

「いいね」と私は言った。

「今日は魚は何がいいかしら？」と彼女がウェイターに訊《たず》ねた。

「本日は新鮮なすずきが入っております」とウェイターは言った。「アーモンドをあし

らった蒸し焼きでいかがでしょう?」

「それをいただくわ」と彼女は言った。

「僕も」と私は言った。「それにほうれん草のサラダとマッシュルーム・リゾット」

「私は温野菜とトマト・リゾット」

「リゾットはかなりのヴォリュームがございますが」と心配そうにウェイターが言った。

「大丈夫。僕は昨日の朝からほとんど何も食べてないし、彼女は胃拡張だから」と私は言った。

「ブラックホールみたいなの」と彼女は言った。

「お持ちいたします」とウェイターが言った。

「デザートには葡萄《ぶどう》のシャーベットとレモン・スフレとエスプレッソ・コーヒー」と彼女は言った。

「同じものを」と私は言った。


(村上春樹『世界の終りとハードボイルド・ワンダーランド』)

派手なことはしていません。静かな住宅地にある、少し高級なイタリア料理店に入り、メニューから料理を注文しているだけ。かなり大量で、ウェイターが心配するほどの。

しかしこれも、「数時間以内に死ぬ」ことがわかっている男と、そのかりそめの恋人が共にする最後の晩餐だとしたら……。ユーモラスでありながら、なんとも切ない場面に変わります。最後の食事と、セックス。食と性。生と死。エロスとタナトスのブラックホール。


わたしはこのころまでの村上作品は好きでよく読んでおり、ほとんどの作品で英語訳も読んでいます。スペイン語訳で読んだこともある。

この場面、英語訳では、料理名がすべてイタリア語だったんです。たとえばイタリア風レバームースならモルタデッラ・デ・フェガート、イカの墨煮ならセッピア・アル・ネーロといった具合。

これでは、少なくともわたしはあまりそそられない。喉がならない。イタリア語を知らないから。多くのアメリカ人にとってもそうだったでしょう。

おそらくアメリカ人の訳者は、この場面にさほどの魅力を感じなかったのではないか。だから、イタリア語メニューへ簡便に移した。それでは台無しだと思うんです。

説明しない技術

やり過ぎてはいけない。一つひとつの皿の食レポなんて、しないいんです。食材の名前と料理法が並べられているだけ。しかし、そのほうがかえって、人生最後の晩餐を精いっぱい楽しもうとする、男の刹那の哀れが出る。

読者の五感に訴えるためには、書き過ぎないことが重要です。

村上は、現代アメリカ文学のよき紹介者でもあります。だから、おそらくこのメニュー羅列は、先行アメリカ文学から学んだのではないかと、わたしは想像しているんです。

外は暗くなって行くところだ。窓の外に街灯がともった。カウンターにいる二人の男がメニューを読む。（略）

「おれはヒレ肉のロースト・ポークを食うぞ、アップル・ソースとマッシュ・ポテトをつけたやつだ」初めの男が言う。

「まだできないんです」

「なら、なぜメニューにのっけてやがるんだ?」

「それはディナーでして」ジョージが説明する。「六時になればできます」

ジョージはカウンターのうしろの壁にかかった時計を見た。

「まだ五時です」

「その時計、五時二十分になってるぜ」二人目の男が言う。

「二十分すすんでます」

「けっ、そんな時計ぶっこわしちまえ」初めの男が言う。「いったい、何を食わせるんだ?」

「サンドイッチならなんでもできます」ジョージが言った。「ハム・エッグ、ベーコン・エッグ、レバー・ベーコン、それにステーキができます」

「チキン・コロッケをくれ、グリーン・ピースにクリーム・ソース、マッシュ・ポテトつきのやつだ」

「それはディナーでして」

「こっちのほしいものは全部ディナーってのかよ? それが、てめえんとこのやりかただな」

この恐ろしげな男二人は、殺し屋です。これから人を殺めようという男たちが、レストランで腹ごしらえする。殺しなんてお手のもの——。いかにも場慣れした、すごみが出ます。

（ヘミングウェイ「殺し屋」）

わたしもアメリカに住んでいたことがあるので、アメリカのダイナー（食堂）にはよく行きました。日本人の舌で言わせてもらうと、アメリカの定食屋って、たいしてうまくないです。大味で、ぱさぱさして水分が少なく、量だけは多い。だけれど、わたしはこの文章を読むたびに「ヒレ肉のロースト・ポーク、アップル・ソースとマッシュ・ポテトをつけたやつ」や、「チキン・コロッケ、グリーン・ピースにクリーム・ソース、マッシュ・ポテトつき」を、喰らいたくなる。手早く、寡黙に、ワイルドに。もちろん、ドラフトビールをつけて。一杯引っ掛け人殺し。

そんな雰囲気じゃないですか。

パンプローナに行ったわけ

三人とも食堂車へでかけて行った。彼らが立ち去ると間もなく、給仕が一回目の食事をふれてまわった（略）。給仕の一人がぼくらのサンドイッチとシャブリのびんをもって通路にはいってきた、こっちへよびいれる。

「今日はいそがしくなるな」ぼくが言う。

彼はうなずいた。（略）

給仕は酒のグラスを二つおいて行った、サンドイッチの金をはらい、チップをやる。

「皿をいただいて行きます」彼が言う、「ご持参下さってもよろしいのです」

ぼくらはサンドイッチをほおばり、シャブリを飲みながら窓外の田園をながめた。麦がみのりはじめたところだ。畑はけしの花でいっぱいである。牧場はあおく、きれいな木立があり、ときには大きな川や城《シャトー》が遠い木立ちの間に見える。

（ヘミングウェイ『日はまた昇る』）

このシーンを再現したくて、そのためだけに、わたしはパリからスペインの北岸沿いを走り、パンプローナへ至る列車に乗ったことがあります。六人が向かい合わせて座るコンパートメント（個室）。もちろん、駅でサンドイッチと白ワインのシャブリを買っておいて。

サンドイッチはうまくないんですよ。なんか乾燥していて大味で。日本で買う繊細なサンドイッチとはまるで別物。でも、パリを出て、北へと向かう車窓を流れる景色、「麦がみのり、牧場はあおく、きれいな木立があり、ときには大きな川や城《シャトー》が遠い木立ちの間に見える」、この映像描写は確かだった。サンドイッチと白ワインの味も、格別になった。

味覚を描写するとは、必ずしも、舌に感じた味を書くことではないんです。川やシャトーが、きりりと冷えたシャブリの爽やかさを表すことも、ある。

「味な文章」をもっておく

読者のみなさんも、お気に入りの「味な文章」を、いくつかもっておくといい。できれば、食べ方じたいをまねする。じっさいに自分で作る。あるいは、わざわざ現地まで食べにいく。たいていは「こんなものか」とがっかりするんですが、それもふくめて勉強になります。

書き始めたらきりがない。わたしの引き出しからは、あとふたつでやめにしておきます。

私はフラワー街のコーン・ビーフを食わせる店へ行った。ちょうど、そのときの気分にぴったりした店だった。入り口の上の無愛想な看板にこうしるしてあった――〃男子にかぎる。女子と犬はお断わり〃。店のなかのサーヴィスも同じように念が入っていた。食べ物をほうり出して行く給仕はひげづらだったし、何もいわないのにチップを差し引いた。食わせるものは簡単なものだが、すこぶるうまく、マルティニのようにすば

らしい褐色のスウェーデン・ビールを飲ませた。

（チャンドラー『長いお別れ』）

江戸の名残のような石榴口《ざくろぐち》の残った湯屋はこの町から程遠くないところにある。朱塗りの漆戸、箔絵《はくえ》を描いた欄間なぞの眼につくその石榴口をくぐり、狭い足がかりの板を踏んで、暗くはあるが、しかし暖かい湯気の籠《こも》った浴槽の中に身を浸した時は、漸く半蔵も活き返ったようになった。やがて、一風呂浴びた後のさっぱりした心持で、彼が多吉と共にまた同じ道を帰りかける頃は、そこいらはもう薄暗い。町ではチラチラ燈火《あかり》がつく。宿に戻って見ると、下座敷の行燈《あんどん》のかげに恭順が二人を待ちうけていた。

「金丸先生、今夜はお隅のやつが手打蕎麦《そば》をあげたいなんて、そんなことを申していますす。青山さんの御相伴《しょうばん》に、先生もごゆっくりなすって下さい」

「手打蕎麦《そば》、結構」

亭主と客とがこんな言葉をかわしているところへ、お隅も勝手の方から襷《たすき》をはずして来て、下女に膳《ぜん》をはこばせ、半蔵が身祝いにと銚子《ちょうし》をつけて出した。

「まったく、こういう時はお酒にかぎりますな。どうも外の物じゃ納まりがつかない」

と恭順が言う。

半蔵も着物を改めて来て簡素なのしめ膳の前にかしこまった。焼海苔《のり》、柚味噌《ゆずみそ》、それに牡蠣《かき》の三杯酢ぐらいの箸《はし》休めで、盃《さかずき》のやりとりもはじまった。

（島崎藤村『夜明け前』）

「自分だけの感覚」はあるか

「シクシクする痛さ？　それともズキズキする痛み？」

腹痛を覚えて医者にかかり、そんなふうに問診されたことはありませんか。わたしはこの、シクシクとズキズキの違いが、いまもってわからない。

哲学者のウィトゲンシュタインが、おもしろい考察をしています。

自分独自の、自分にしか分からない感覚。既成の言葉では表現できない感覚があったとします。それを感覚Eと名付けましょう。

既成の言葉にはないが、自分には分かっている感覚E。痛みでもうずきでも傷心でもない。悲しみでも愁いでも淋しさとも違う。心配、不安じゃない。

自分にだけは、はっきりつかめている感覚。しかもそれは、肉体的な反応をともなう。その感覚Eを覚えると、なぜかくしゃみがでる。かならず鼻の奥がむずむずする。


みなさんには、そういう感覚があるでしょうか。

じつは、わたしにはあるんです。そして、その感覚を覚えると、必ずくしゃみが出る。もう、十代のころからです。

しかしその感覚Eは、他者と共有できない。言葉で伝えようと試みても、既成の言葉では表現できないんだから、説明しようがない。

ここまでは、まあ理解できる。もっと重大なこと、本題は、この先です。


その自分だけの「感覚E」がなんども起きるとする。自分にだけは、分かる。しかし、その「自分にだけは分かっている」のが、ほんとうに「分かっている」のか、どうか。

自分の感じていた感覚Eは、時の経過とともに、ちがう感覚になっていないか。いわば

「感覚E'」に変質しているのではないのか。

それを検証する手立ては、ないんです。自分自身にも、分からない。証明できない。言語の働きの、いちばんのポイントは、ここです。

言葉を、他者に向けて放ち、他者がそれを受け取る。了解した〈そぶり〉をする。言葉は、その交換の文脈の中にしか意味を持たない。

「エモい」というはやり言葉があります。エモーショナルからきた、若者言葉の造語。感動的、胸がさける、心奪われる……そういった従来の語彙では捉えられない新種の感覚だからこそ、わざわざ「エモい」なんて言葉を発明した。

しかし、エモいと感動的と、どう違うのか。各自が捉えているその微細な差異は、発話者と聴取者とのあいだで、たしかに共有されているのか。確かめるすべは、どこにもない。発話者じたいにも、分かり得ない。それが、言語の本質です。

世界史に参加する

だったら、言葉なんて意味がないじゃないか。そう思いますか？

わたしは、そうは思わないんです。

想像するしかありませんが、太古の人類は生死に直結する〈感覚E〉を鋭敏にもっていたはずです。怖い、痛い、腹が減った、満腹だ、疲れた、眠い、きもちいい……そういった、生存と生殖（セックス）にかかわる感覚に付随した語彙が、まずは生まれたのではないでしょうか。

何万年にもわたる新石器時代と、その間におきた言語の獲得によって、人類は、神経系が進化してきた。より微細な感覚を発見した。それに付随する言葉を与えた。他者との関係性が人間の生きるすべてだったから。他者に欲望をもち、他者とコミュニケートしようとするなかで、感覚も、言葉も、獲得した。各自が〈感覚E〉を発見した。

それが、言語（＝シンボル体系）を構築することで生き残ってきた、きわめて特異な生物である人類の歴史ではないでしょうか。

彼をとりまいている感性的世界は、決して、永遠の昔から直接無媒介に存在している、常に自己同一的な事物なのではなく、産業と社会状態の産物であるということ、しかも、感性的世界は歴史的産物であり、活動の成果であるという意味でそうなのだということを。

（マルクス『ドイツ・イデオロギー』）

こみいったことを書いていますが、要は、人類の五感の形成は、いままでの全世界史の労作である、といったことでしょう。

感性を鍛えるとは、したがって、人類史に貢献しようとすることでもある。わたしたちも、感覚を研ぎ澄ますことによって、感情を鍛えることによって、新しい言葉を手探りすることによって、世界史に参加するんです。

ぱさぱさに乾いてゆく心を

ひとのせいにはするな
みずから水やりを怠っておいて
（略）
駄目なことの一切を
時代のせいにはするな
わずかに光る尊厳の放棄

自分の感受性くらい
自分で守れ
ばかものよ

（茨木のり子「自分の感受性くらい」）

第四章

実践篇

ある日、文章塾にて

本章からは、わたしが各地の文章塾で添削してきた作文を題材に、実践的に感性の文章術を磨いていこうと思います。

大前提をひとつ。

五感を使うには、まずは第六感を磨かなければなりません。

これは、いずれの文書塾でもいちばん最初に話すことなんですが、文章には「三妖怪」が住んでいるんです。妖怪は、必ずいる。いつでもいる。わたしの文章にもいる。けれど、妖怪は見えにくい存在なんです。目をこらし、耳を澄ませても、なかなか姿を現さない。そのために、第六感を磨く。そういう話。

オカルトはこれくらいにして、実地に見ていきましょう。まずは一匹目。

重複ドン

読んで字のごとし。同じ言葉の繰り返しです。
文例1はプロの新聞記者が書いた文章です。プロであっても、この妖怪は頻出します。

文例1

Oさんは20年にわたり障害児教育の研究をしてきたが、50代からナチス政権下でユダヤ人を救ったドイツ市民についての研究を始めた。周囲からは「今から新しい分野の研究をするなんて」とあきれられたという。Oさん自身は「きっとまた20年がんばれば何とかなると信じていた。どうしてもこのテーマを追い求めてみたいという衝動があった」と振り返った。

とりたてて難はない、と思うでしょう。でも、短いパラグラフに「研究」が三つ出てくる。プロならば致命的なミス。これが重複ドンです。

文例1書き換え

Oさんは20年にわたり障害児教育を専門としてきたが、50代からナチス政権下でユダヤ人を救ったドイツ市民について調べ始めた。「今から新しい分野の研究をするなんて」と周囲はあきれたという。

重複ドンを見つけるのは簡単です。紙にプリントする。眺める。それだけ。推敲(読み直す)というより、絵を見て「探す」という感覚です。簡単なんだから、無精しない。重複ドンをなくすだけで、ほんの少しですが、文章のスピード感が上がる。この「ほんの少し」を甘く見ない。文章上達の秘訣です。

至るところに潜む妖怪

重複ドンはなにも、名詞や動詞、形容詞など、目立つ単語ばかりではない。助詞にも潜んでいる。

文例2

これは夏休みではないか。
昔を思い出す。読書感想文。読んでもない本を、どうやって升目を埋めようかと、
途方に暮れた日を。

「を」の重複に、すぐ気づいたでしょうか？

本を／升目を／途方に暮れた日を

ひとつの文に続いて現れる三つの格助詞「を」。いかにも多いし、リズムを崩す。これは、推敲段階で音読すれば発見できるはず。なんだか少し読みにくい。そう感じる。いいや、感じてほしい。その感性こそ、第六感です。

直し方にはいろいろあって、唯一の正解はありませんが、たとえば次のように直せる。

文例2書き換え

これは、夏休みではないか。

昔を思い出す。宿題の読書感想文では、読んでもない本について書いたものだった。どうやって升目を埋めようか。日々、途方に暮れた。

「を」の重複ドンを退治したため、結果として、文章が三つに切れた。文字数じたいは増えたのですが、かえってスピード感は上がっています。

文例3

私は今フリーランスで事業用不動産の仲介の営業の仕事をしている。と言うと聞こえは良いが、人の会社の名義を借りて細々とやらせていただいている。まあヤドカリのようなものである。

俗に言う「会社の人間関係に疲れ」て、フリーランスになった訳だが、自分で会社を起こす財力も気力もなく、人様の会社の名前を騙り（別にだましている訳ではないが）、自力で顧客を開拓し、何とか生計を立てている。

出だしの一文です。「の」が三回、連続して出てくる。これをやめる。「私は」も削ります。営業「の仕事」も削り。

これらは、次項で説明する妖怪「どっさりもっさり」だからです。「私は」がなくても分かります。「営業」とはすなわち「仕事」のこと。書かなくても分かることは、すべてどっさりもっさりです。

厳しく言うと、二回現れる「フリーランス」、四回出てくる「会社」にも、重複ドンの気味があります。言い換えていい。「俗に言う」は、どっさりもっさり。なくていい。

文例3書き換え

フリーランスで営業をしている。事業用不動産の仲介だ。フリーと言うと聞こえは良いが、人の会社から名義を借りて、細々としている。ヤドカリみたいなものである。

会社の人間関係に疲れて、の結果だ。起業する財力も気力もなく、他社の名前を騙り（別にだましている訳ではないが）、自力で顧客を開拓し、何とか生計を立てている。

言葉の単純な重複をなくすと、しぜんに短文になっていく。

言い換えるご利益

重複ドンを退治し、パラフレーズ（言い換え）すると、読むスピードが上がるだけでなく、別のご利益にありつくこともあります。文章が、カラフルになるんです。次を見てください。

文例4

晩年勢いは弱まったとはいえ、自己中を地で行く生粋のギャンブラーだった父。

特にその元手に関して「俺の金は俺のもの。お前の金も俺のもの。」という考え方が実在したのだから驚く。とにかく振り回されるこちらはだいぶ苦労した。

亡くなる前日もベッドの柵を乗り越えて脱走しようとし、力尽きて床に倒れていたところを発見され、ベッドに引き戻されたらしい。家に帰ろうとしたと思いたいが、パチンコ行きを狙っていたのではという母の意見もあながち間違いではないかもしれない。もしそうであればやはり生粋である。

今後、そんな生粋さでなにかに取り組める自信は今のところないが、残りの30年…できれば50年の余生の過ごし方の選択肢の一つとして心の片隅に置いておこうと思う。


ユーモラスな文章です。ただ、いちばんの問題は、やはり重複ドンです。「生粋」。短い文中に三回は多過ぎる。登場する箇所は若干離れているので、この場合はスピード感というより、文章の単調さが問題になるんです。

こんなに「生粋」を繰り返しても、具体例がないからどれだけのギャンブラーだったのか、読者にはさっぱり分からない。

繰り返しを避け、パラフレーズしようとする。こういうときに辞書を引くのは、たいへんいいアイデアです。試みに広辞苑で「生粋」を引いてみると、「まじりけが全くないこと。純粋」と出てきます。
だからといって生粋の代わりに、「純粋」とか「まじりけない」とかを機械的に当てはめるのではないんです。

やはり生粋である→やはり純粋である
そんな生粋さでなにかに取り組める→そんなまじりけのなさでなにかに取り組める

へんですよね。ギャンブルを称賛しているようにも聞こえる。筆者はそんなことを書きたいんじゃないでしょう。身勝手だけど、かわいげもあった父親の一面を書く。そうすることで、供養したい、あるいは苦労した自分や母親が救われたい。そういうことなんじゃないですか?

親父を殺しそうになった話

余談ですが、わたしの父親もたいへんなギャンブラーだったんです。作文筆者の父親よりも、ずっと悪質。家族は苦しみました。ギャンブルでの借金をめぐり、警察沙汰にもなった。そんなこともあって、わたしはギャンブルは大嫌い。憎んでいる。

社会に出て働き始めてから、父親の借金を埋め合わせるために何度もカネを工面してきました。そのたびに父は「もうギャンブルはやめる」と約束するんですが、あてになるもんですか。依存症の患者なんです。

ある日、また新たな借金が発覚した。それも、アイフルや武富士なんていう大手の消費者金融じゃない。闇金みたいな、ブラックな金貸しです。電話して出てきた若い衆の、口の利き方からして、そもそも雰囲気が違った。どすがきいていた。

親父を問い詰めましたよ。こっちも忙しい仕事があるのに、こんなやつの金策に走り回っている。気が立っているから、大声で怒鳴ります。知らないうちに立ち上がっていました。あのとき手や足が少しでも親父に当たっていたら、どうなっていたか……。想像すると恐ろしくなります。引っ込みがつかなくなって、大きな事件になっていたかもしれない。

実際には、わたしが立ち上がったとき、親父はどうしたか。恐縮なんかしてないですよ。開き直ってる。大あぐらかいている。

殴ってみろ。蹴ってみろ。親をかたわにしてこそ、おまえは一人前の男だ。そんなことをわめくんです。

「おれはな、Aさんにもらったカネ三百万を握って、その足で競輪場に行った男なんだ！」

Aさんというのは縁戚にあたるおじさんで、親父の借金を清算してくれようとした人。いい人なんです。三百万円なんて、それは大金ではありますけれど、親父の借金のほんの一部でしかない。

親父は恥ずかしくて、全額を言えなかったんでしょう。三百万あれば完済できる。その場しのぎの嘘でもついたんだろう。そしたらAさんが出してくれた。「もう、あんたも気がすんだろう。清算して、心を入れ替えて働きなさい」とかですね。いかにも人が好い。

親父はそのカネを握って、競輪場に直行したっていうんです。とんでもない破滅型ですよ。またそれを、金策に走り回っている息子相手に威張る。おれはこういう男なんだって、啖呵なんか切っている。

そのひとことを聞いて、わたしはどうしたか。どうもしやしません。なんだか、馬鹿馬鹿しくなっちゃったんです。気が抜けた。正直に言うと、少し、笑っちゃった。グッドラフではないですよ。あきれかえった笑い。だめだ、この男は。こいつになにを言っても仕方ねえや。こんなのを殴って、警察沙汰にでもなって、おれの一生を台無しにするほうがよほどの大災害だ。

もうやめたんです。ぷいっと、部屋を出ていった。

いま思い返しても寒気がする、危ない修羅場でした。

本題に戻ります。

こんなギャンブラーを称して、「純粋」だの「まじりけがない」だのと書くでしょうか。わたしだったら、書きたくないですね。口が裂けても言わないですよ。

ではどうするか。こういうときこそ類義語辞典。

日本語シソーラス類義語辞典で「生粋」を引くと、類義語として「純粋、完全、本物、筋目正しい」と出てくる。

ピンとくるものはありますか。わたしだったら、純粋も完全も筋目正しいもいやだ。だけど、「本物」だけに、ほんの少し、におうものがある。


本物のギャンブラー。というより、モノホンのギャンブラー。


人生の徳俵をとっくに割っちゃったような、あとは奈落に落ちるだけ、もう終わっているのに自分だけが認めていない、自分の馬鹿さ加減を十分認識しながら、引き返す勇気があるわけでなく、すべてがどうでもよくなった、投げやりの、捨てばちな、あとは野となれ山となれ、どうとでもしろ、借金のかたに持ってこうってんなら首でもなんでも持ってってってくれ。

モノホンの破滅型です。

そしてこういう「モノホン」さが、作家としてのいまの自分に、もっとも足りないのではないか。ひそかに、自分でそう恐れている。

新聞社にまじめに勤めていた記者だったのに、生まれ故郷の東京を捨て、ど田舎にすっ飛んで、百姓、猟師、食肉加工業者になり、夏は泥田で異常な酷暑に雑草相手の汗まみれ、冬は午前一時起きで山奥に飛び込み、危ない目ものかは、けものを追いかけ回す日々。

なにやってんだ。気が狂ってんのか？　人には言われます。

しかし、その自分にしてからが、まだ狂い方が足りないんじゃないか？　まじめなんじゃないか？　もっと真性の、純粋な、完全の、筋目正しい異常者に、ならなければいけないんじゃないか？

おまえがモノホンの作家ならば。

……そんなことを、ふと、思ってしまうんです。

ずいぶん遠回りをしました。言いたいことはこういうことです。

「生粋」は、この文中では明らかに重複ドンです。数行以内におなじ言葉が出てくるのは、原則ＮＧでしょう。これは避けたい。言い換えを考える。

しかし、言い換え語を考えているうちに、「本物とはなにか」「モノホンになる必要が、自分にあるのか、ないのか」といった、まったく別の文章、違うベクトルの発想が浮かんでくる。そういうことがままある、ということなんです。重要なのは、むしろこちらのほうなんです。

重複ドンを退治すると、別の文章が展《ひら》けてくる。

どっさりもっさり

二匹目の妖怪退治です。

説明が感覚的で申し訳ないんですが、もさ～っとしている。すっきりしていない。邪魔なやつ。それが、文章のどっさりもっさりです。

文例5

会社の始業より一時間早く駅に着くと、会社ではなく駅のコーヒーショップに行く。飲み物を買って席に着くと、メールをチェックし、今日の予定を確認する。時間に余裕がある時は英単語を覚えたりする。これが、数年間続く私の朝のルーティーンだ。

数年前、「ジョブローテーション」があり、これまで行っていた仕事と全く違う仕事をすることになった。折衝など内向的な自分には向いていない仕事だった。

短文のリズムがあって上手です。しかし、ここにも妖怪がいるんです。

最初の二文で、「会社」「着くと」が重複ドンになっていることは、もうお気付きかと思います。ではどうするか。二つ目の「会社」を抜く？　「駅の構内にあるコーヒーショップ」、あるいは「駅を出て少し歩いたコーヒーショップ」ですか？　だめです。それは、どっさりもっさりである。

「コーヒーショップに行く」と書いている時点で、そこが「会社ではない」ことは分かります。コーヒーショップが駅の構内にあるのか、駅を出て会社への途上にあるのか、その位置関係が重要でしょうか？


会社に入る前に一息入れる。そうすることで、対人関係に苦労がありそうなこの筆者も、平静を取り戻す。そういう趣旨の文章です。であれば、コーヒーショップがどこにあろうと、関係ない。なくていい情報です。


あってもいいが、なくても分かる。

どっさりもっさりの正体は、これです。初心者はまずそう覚えてください。

なくても分かるものは、原則的にどっさりもっさりです。ただし、「原則的に」です。例外は、けっこうたくさんあります。

もって回ったような、曲がりくねった文章を書いて味を出す。そういう作家はたくさんいます。わたしも、わざと書くときはある。

しかし例外というのは、自分で明確に理由が言えなければならないんです。この文章や単語は、これこれこういう理由で置いている。そうはっきり言えるものは、どっさりもっさりではない。文章の「味」になっている。

しかし意図がなければ、単なる不注意です。手入れしていないんです。道を掃除していない。小石が転がり、雑草が生えている。怠慢です。掃除しろ。

数年前、「ジョブローテーション」があり、これまで行っていた仕事と全く違う仕事をすることになった。折衝など内向的な自分には向いていない仕事だった。

ここにも「仕事」という重複ドンがいます。三匹。「ジョブ」も仕事のことなんだから、合わせれば四匹。これは、言い換え語を探すのではなく、取り除くべきものです。

なくても分かる、どっさりもっさりだから。

「行っていた仕事」も、どっさりもっさりです。「行う」とわざわざ言う必要がありますか？　仕事は常に「行う」もの。初心者のうちは、「行う」という語はすべて排除、でもいいです。

文例5書き換え

会社の始業より一時間早く駅に着くと、コーヒーショップへ行く。飲み物を買ってテーブルに置き、メールをチェック、今日の予定を確認する。時間に余裕がある時は英単語を覚える。朝のルーティーンだ。

数年前、「ジョブローテーション」があり、配置換えになった。社内折衝などが仕事で、内向的な自分には向いていない。

指示代名詞は撲滅する勢いで

文例6

えーっ、もう「73歳」。

これは私の年齢。思えば年だけ勝手にとっている。こればかりは本当に遠慮したい気持ちなれど、これが現実。

しかし、これを払拭する為にはと、あれこれ考えても無駄な話である。全てを受け入れるしかないと覚悟を決めなければと思うのであるが、抗う気持ちも大である。人生振り返れど、これといった「花」まるもないし、ただ淡々と生きてきたような私。

今更とも思うのだが、人生最後まで希望を持ちたいものである。そうする事により、残りの時間をグッと凝縮して生きられるのではと思うのであるが。果たして私の希望とは一体何であろうかと考え込んでしまう。

古びた脳みそをグルグルかき回してみるが、これといったものがない。

なぜ、なぜ。

私は生きていくうえでこれといった信念もなく、日々の生活諸々をひたすら合理的且つ端的に処理してきたタイプである。一日が平穏に終われば良しとし、家庭を優先してきた平凡な主婦。

しかし、これを打破するために、自分を洗い流し再構築してみようと思う。


ここまで読んできた方は、一読して重複ドンにお気づきと思います。

「これ」

短い文章に何カ所、「これ」が出ているか。

そもそも、「これ」「それ」「あれ」「この」「その」「あの」など、指示代名詞や連体詞は、撲滅する勢いで減らしていい。どっさりもっさりの大きな原因は、「指し示す」品詞です。

初心者は、なぜ「この」「その」を連発するんでしょうか。読者が分からないと思うから。親切心からしている。小さな親切、大きなお世話。指示する品詞を抜いても文意が通るならば、どっさりもっさりです。

遠慮したい気持ちなれど
人生振り返れど

語尾の「れど」が重複しています。動詞の已然形に接続助詞の「れ」と係助詞の「ど」がついた形。いささか古風な言い回しですが、特別な狙いがなければ大仰。気取った感じを与えます。重複ドンでもある。

そして、後半の文章全体が、なんともいえずもっさりしている。

考え込んでしまう
脳みそをグルグルかき回してみる
なぜ、なぜ
自分を洗い流し再構築してみようと思う

「脳みそグルグル」の結果、どうなったのか。「洗い流し再構築し」た結果、どうだったんだ？　本題はそこでしょう。結論が、いつまで待っても出てこない。早く次に行ってくれ。読者を待たせ過ぎです。

文例6書き換え

もう「73歳」。

私の年齢。思えば年だけ勝手にとっている。本当に遠慮したい気持ちだ。

あれこれ考えても無駄。全てを受け入れる。いままでの人生でとくに「花丸」もない。ただ淡々と生きてきた。

人生最後まで希望を持ちたいもの。残りの時間を凝縮して生きようと思うのだが、私の希望とは一体何であろうか。

一日が平穏に終われば良し。家庭優先の平凡な主婦だった。

しかし、（……云々と続く）

平凡な主婦で、とりたてて花丸はないと書いていますが、そうでしょうか？　平凡な人生なんて、この世にありますか？　人間なんてみな、小さな波乱に満ちた、それぞれに奇妙な人生を歩んできたのではないですか。であればこそ、筆者も筆をとったに違いない。

考え抜いてください。そして、自分の人生の奇っ怪さに、驚いてください。文章を書く意味なんてそれぐらいしかありません。自分が、自分を、いちばん分かっていない。明らかにするのが、文章です。

長文がもっさり

文例7

監督脚本はルーカス・ドン、共同脚本でアンジェロ・タイセンスとのコンビは、前作「Girl／ガール」でトランスジェンダーの葛藤を描く鮮烈なデビュー作だが、僕は正直共感できず、本作の長編2作目にもふたりが名を連ね、試写は少々斜に構えていたが、前作のイメージは良い意味裏切られ、本作を〝LGBT作品〟として括るのは如何なものかと思うくらい、自然体で誰しもが通ってきたであろう、思春期の葛藤を描いた成長物語は、今後の作家性も含め注目しておきたい監督だ。

長い。

息継ぎが難しいほどの、長文です。長文も、どっさりもっさりであると心得ましょう。少々極端ですが、あくまで例示として、一文を十個に分割してみました。どちらが読みやすいか。

文例7書き換え

監督・脚本はルーカス・ドン、共同脚本にアンジェロ・タイセンス。このコンビ、前作「Girl／ガール」でトランスジェンダーの葛藤を描き、鮮烈にデビューした。だが、僕は正直共感できなかった。長編2作目にあたる本作の試写も、だから少々斜に構えていたのだ。予想は、裏切られた。しかも、いい意味で。本作を〝LGBT作品〟として括るのは如何なものかと思う。誰しも通ってきた思春期の葛藤を描く成長物語だ。自然体。今後も注目しておきたい作家である。

初心者のうちは、二つに分けられる文章は全部、分ける。練習として、一時期、試みてもいい手法です。

数詞、固有名詞がどっさり

以下は、二〇二四年二月にあった文章教室に寄せられた作文です。「アロハ記者」とは、わたしのニックネームなんです。

文例8

2月25日、私は大阪の街を走っているはずだった。でも現実の私は、名古屋でアロハ記者の文章講座を受講している。少し前までは想像もしていなかったことだが、よーく考えてみると、ここに導かれるべくして導かれたんだなーと今感じている。

5年前の春、走るきっかけを求めてランニングスクールに入った。すぐに「走ること」が生活の中心になり、いつの間にかフルマラソン完走が目標になった。走り始めて半年後にハーフを完走し、いよいよ初フルマラソン挑戦！という時にコロナが流行り始め、大会は軒並み中止に。そしてその状況が2年ほど続いた。その間に椎間板ヘルニアで3週間入院し、半年ほどは走ることができなかった。

そんな頃、2021年9月のことだが、朝日新聞のReライフフェスティバル@homeでアロハ記者のお話を伺う機会があった。お話が刺激的で楽しかったことと、アロハ記者に直接文章指導を受けている人たちを羨ましく思ったことを今もよく覚えている。

翌2022年3月、私のヘルニアもコロナも少し落ち着き、ようやく名古屋ウィメンズマラソンで初フルマラソン完走を果たすことができた。それから昨年10月までの2年間でフルマラソンを5回完走し、「次は2月25日の大阪マラソンを笑顔で完走！」を目標に掲げて2024年を迎えた。

この方のマラソン歴と病歴を、年表にして整理したくなりました。というか、そうしないと頭に入ってこない。

また、「2年ほど続いた」「3週間入院し」と期間をきっちり限定している。そうする意味が、はたしてあるのかどうか、ということなんです。

まだあります。「Ｒｅライフフェスティバル@home」や「名古屋ウィメンズマラソン」という固有名詞。この情報は、いるでしょうか。

数詞と固有名詞は、読むスピードをほんのちょっと、止めるんです。読者はいったん、立ち止まる。注意を促す。だから、考えなしに入れた数字と固有名詞は、どっさりもっさりになる。

数詞と固有名詞は、極力、削る。その情報がなければ文意が通じない。そうしたものに厳選する。

常套句どっさりもっさり

以下は、プロの新聞記者が書いた文章です。

文例9

そんなAさんが昨年の夏休みに取り組んだ自由研究が注目を集めている。

タイトルは「ママの取扱説明書（家庭用）」。

自宅にあった電子レンジの説明書を参考にしながら、母の取り扱い方についてまとめた一冊だ。

「ママの扱いが難しいから自由研究に選びました。他の人とかぶるのも嫌だったし」とAさん。

イラストも交えながらまとめた全6ページの力作だ。

「ひるねをさせない方法」

「べんきょうしなさいといわせない方法」

「テストの点数で気分を悪くさせない方法」

思わずクスッとなって「よく観察しているなぁ」と思わせる記述が並んでいる。

第一読者の母Zさんは、最後の6ページ目を読んで思わずホロリときてしまった。

まずは最後の二文を見てください。

思わずクスッと
思わせる記述が
思わずホロリと

こんなに狭いところに、「思」の漢字が三つもある。重複ドンです。

クスッとかホロリは、擬音語、擬態語と呼ばれます。とくに初心者は、擬音語、擬態語を、いったん全部廃棄していいと、わたしは思っている。笑っている人、泣いている人を、よく観察して下さい。笑っている人の口から、「クスッ」なんて音は出てきません。泣くほどにうれしい人の表情は、ホロリとなんて崩れません。安っぽいんです。

それより問題なのは、「思わず」。

笑ったり、泣いたり、感情の動きを表す品詞には、必ずといっていいほど「思わず」をつける。もはや脳内枕詞。シンプルに、とってしまったほうがずっといい。それでも物足りなければ、なにか自分で言い換えを考える。おまえやってみろ？　では、あくまでたとえば、ですけれど。

文例9書き換え

「ひるねをさせない方法」

「べんきょうしなさいといわせない方法」

「テストの点数で気分を悪くさせない方法」

観察眼が微笑を誘う。第一読者の母Zさんは、最後の6ページ目を読んだ。手が止まった。読み返した。涙が出てきた。


語の結びつきじたいが「お約束」になっている常套表現は、妖怪どっさりもっさりでもあるんです。

分かりにっ壁

いよいよ、三妖怪のなかでも最大の難敵です。

文例10

「やっぱり夏、いやー。冬の方が好きー」。娘が今年も言っている。「でも、冬になると早く夏になってほしーいと言ってるよ」とすかさず私が言う。このように娘の「夏か冬か問題」は毎年繰り返される。

どの季節がいちばん好きかを「決めたい」んだという、いっぷう変わった趣旨のコラムで、おもしろかったです。しかし、その出だしが残念。分かりにっ壁です。

「いやー」

これは①「嫌《いや》」という意味の形容動詞なのか。②「いやいや、待てよ、しかし」という否定の接続詞なのか。

話し言葉なら、アクセントや抑揚で通じるでしょう。しかし、文章では分かりにくい。句点《まる》があるから分かるじゃないか、①の意味だよと、筆者は強弁するかも知れません。それはまさしく理屈というもので、一瞬だけ、読むスピードが落ちる。であれば、退治したほうがいい妖怪なんです。

文例11

一方、買取り専門の古道具屋を営む『金は払う、冒険は愉快だ』の著者は、遺品や不用品の回収依頼の労苦の多さに、「クソったれ」を連発して毒づきながら、誰より誠実な仕事をする。売却後に依頼主の気が変わった品を取り戻すべく奔走し、隣人の増えすぎた猫の引き取り手を探し回る。

ある小説の書評です。

売却後に依頼主の気が変わった品を取り戻すべく奔走し

注意深く読めば、売却したのは依頼主で、気が変わったのも依頼主。取り戻すべく奔走するのが古道具屋である著者と分かります。しかしわたしは、スピード感をもって読めない。分かりにっ壁。

「誰より誠実な仕事をする」のは、古道具屋の著者です。その文章の直後に、「売却後」とくると、売却した主語は古道具屋の筆者ではないかと、ほんの一瞬ですが予想して読むものなんです。「取りもどすべく奔走」まで読んで初めて、ちょっとおかしいな、あそうか、売却を依頼した別人物がいるのだなと分かる。数秒、理解が遅れる。

もっと問題なのは、「隣人の増えすぎた猫の引き取り手を探し回る」です。

たしかに猫というのは孤独を好む動物で、隣人が増えすぎた猫ってのは、生きにくいものなんだよなあ……なんて、つまらない冗談を言いたくなる。

「隣人の増えすぎた」→「猫」ではなくて、隣人が猫を飼っていて、その増えすぎてしまった猫の引き取り手を探す、という意味ですよね。

文末まで読めば、分かります。でも、文末まで読まないと分からないのでは、スピードが落ちると言っているんです。

大敵三妖怪を退治する。

重複ドンは、比較的見付けやすい。必ずプリントアウトして、紙で原稿を、読むのではなく、眺める。重複している語はないか、探す。名詞だけではありません。助詞や、文末も同じ終わり方になっていないか。

どっさりもっさりはもう少し難しい。「なくても分かる語はどっさりもっさり」と原則を覚える。長文、接続詞や指示代名詞、数詞、固有名詞にとくに気をつけて。音読するといいでしょう。読みにくいところは、もっさりしているから。

難しいのが分かりにっ壁です。文章の巧者でも、プロでも、分かりにっ壁は見過ごしてしまう。

なぜか。

書いた本人は、分かっているからです。筆者は、自分がなにを書きたいのか、分かっている。当然ですね。ところが、「読者は自分がなにを言いたいか、分からないし興味もない」という、ごくあたりまえなことを忘れてしまうんです。

では、どうするのか？

冒頭に書きました。第六感を磨く。

「妖怪は、必ずいる」と信じ込むんです。自分の文章に分かりにっ壁がいないはずない。いないのは、おかしい。

じっさい、妖怪は信じる者の目にしか見えないんです。座敷わらしも、一反木綿もぬり壁も、存在を信じる素直な心の持ち主の前にだけ、「けけけ」と笑いながら姿を現す。

水木しげるや柳田国男の世界ですが、事実、文章の世界はそのようにできている。

第六感を働かす。霊感で探す。信じて、妖怪を見つめてください。

五感で書く文章

ここからは具体的に五感を磨く文章術を考えてみます。

文例12

私の好きな事は、植物と小さな生き物を見る事である。季節を問わず狭庭に出て、植物の伸び具合、花のつぼみや葉の色を目で追いチェックする。肥料切れか虫に喰われていないか見て、霜に負けそうな植物には、早めに覆いをして春まで見守る。

冬は金柑と柚子がたくさん採れる。柚子はジャムに、金柑は甘露煮にする。初夏の頃は牡丹のつぼみが膨らみ始め、花開くまでわくわくした気分で待つ。咲けば娘にも友にも知らせたくなって、見に来てもらう。毎年同じ花なのに嬉しくてスマホにおさめる。

夏は生まれたばかりの、人間でいえばよちよちという状態のトカゲの子が、石影から顔を出す。警戒心は親譲りで、素早く身を翻す術を知っている。小さな庭で、今年も命をつないだかと思うといとしくなる。

大きな自然も好きだけど、身近なところにある自然も興味深くて楽しいものである。


「狭庭」という言葉をわざわざ使うところを見ると、筆者は俳句を作る方でしょうか。

身の周りの小さな自然を、注意深く見る。五感を磨く第一歩として、すばらしいと思います。

ただ、問題もいくつかある。冒頭の段落です。「植物」は間違いなく重複ドン。

見る事である
虫に喰われていないか見て
春まで見守る

「見」という漢字も多すぎる。重複ドンの気配があります。

「咲けば娘にも友にも知らせたくなって、見に来てもらう」は分かりにっ壁。「咲けば娘にも友にも見せたくなって、知らせる」でしょう。

「夏は生まれたばかりの、人間でいえばよちよちという状態のトカゲの子が、石影から顔を出す」。これも長文のどっさりもっさりです。二文に分ければすっきりする。

「夏は生まれたばかりのトカゲの子が、石影から顔を出す。人間でいえばよちよち歩き」

「毎年同じ花なのに嬉しくて」というあたり、とてもいい感性で、磨いていきたいところ。

薔薇ノ木ニ　薔薇ノ花サク。ナニゴトノ不思議ナケレド。

（北原白秋「薔薇二曲」）

詩の一節が自然に想起されます。何気なく引用したり、数語差し挟んだり（「なにごとの不思議なけれど、毎年同じ花が咲くのが嬉しくて」）すれば、文章が伸びる場面です。

ところで、この文章で決定的にもったいないのは以下のところです。

柚子はジャムに、金柑は甘露煮にする。

文章を書くときは、どうしても視覚に偏りがちになる。人間は外界の情報を、おもに目を使って取り入れる。

逆に言えば、聴覚や嗅覚、味覚に触覚を使うチャンスがあれば、ぜひともそれを生かしたい。それだけで、オリジナルな文章になる可能性が高まる。

ジャムや甘露煮の、甘く酸っぱく、大味ではない小粒の、素朴な味を、しつこくならないよう注意して表現する。そうすることで、冒頭にある「小さな生き物」を見る「小さな幸せ」につなげられるはず。惜しい例でした。

文例13

宮崎県の海辺に生まれた。隣に、祖父母宅があった。庭一面が砂地で、僕にとっては、裸になって泥遊びしたり、落とし穴を掘ったりできる、格好の遊び場だった。祖父はちりめん漁師で、早朝になると、自転車で漁に出掛ける。荷台には、焼酎の一升瓶と、白米がいっぱいの飯ごう。おかずは「海で調達する」から要らない、らしかった。

小学校から帰宅すると、僕は祖父母宅に行き、庭の干し網を物色する。その辺のちりめんには、目もくれない。イカの赤ちゃんなどの「レア物」ばかりを両手いっぱいに集め、おやつにする。夕方の早い時間から、真っ赤な顔で牛乳割り焼酎を飲む祖父。肴を用意する祖母。おこぼれに預かろうと土間に集まる野良猫たち。相撲中継を見るのが日課だった。

小学校6年の2月の朝、祖母が死んでいた。数カ月後、祖父母宅は取り壊された。書くとは、失われた時や場所、大切な人たちを、心に刻むことだと、信じている。

フリーランスのライターが文章講座に書いてきたものです。素晴らしいと思いました。結語が若干ありきたりで、常套句の気があり、再考の余地があるとは思います。ですが、五感を駆使した描写は生き生きしています。視覚はもちろん使っているわけですが、ここには触覚がある。浜辺の泥にふれる感触、「レア物」の小魚を、子供の小さな手一杯に集める喜び。

もちろん味覚もある。獲れたての新鮮な魚、飯ごうに入れた白米の甘さ、干した小魚を口に入れた薄しょっぱい味……。いちいち書いていないがゆえに、想像をかき立てる。文章全体から、潮の香りがする。嗅覚です。

そして、聴覚も使っている。遠くから聞こえる相撲中継の音。寄せては返す波。小魚を求めて寄ってくる猫の鳴き声まで、わたしには聞こえる。気がする。五感を使った文章の、お手本のようだと思いました。

なぜ書くのか

ここからはさらに根源的なことを考えていきます。なぜ書くのか、ということです。

小、中学校での読書感想文や高校、大学での論文提出、会社に入って仕事のレポートと、文章を書く機会はたくさんあります。半ば強制的に書かせられる文章以外にも、人は文章を書く。書きたがる。それは、なぜなのか。

文例14

このところ体調不良が続いている。去年は腰を手術して1か月余り入院した。その前年は顔面に帯状疱疹を発して言語に絶する苦痛を味わった。その後遺症が続き、今も神経の鎮痛薬を服用している。さらに、先年は突然の耳鳴りで右耳の聴力を失った。齢73年も人生を続けていれば不思議はなかろうと観念している。妻も数年前癌の摘出手術後、すっかり体力をなくし、若かりし頃の妖艶な魅力は影も形も失せてしまった。そもそも、夫婦ともに後期高齢の年寄りなのだから今更嘆くまでもない。

気掛かりなのは同居している2人の娘のことである。娘らは「失われた10年」と呼ばれる就職氷河期に社会人となったいわゆるロストジェネレーション世代である。2人とも就職戦線の争いに生き残れなかった組である。

こう書き始める文章がありました。お嬢さんの一人は、職場で上司からパワーハラスメントを受けた。もう一人はある日突然、病院事務の仕事を解雇された。

親としては「娘たちが良きパートナーと巡り会って幸せを掴んでほしい」と願うのですが、なかなかそういきそうにない。「私も妻も先は短い。決して裕福な暮らしではない。娘らに残してやれそうな財産は築40年の老朽化したこの家と狭い土地だけである」

とつづられていました。

一読、重い気分にさせられます。どこにも救いがない。どうあいさつしていいか分からない。そういう文章。

幸福な家庭はどれも似たものだが、不幸な家庭はいずれもそれぞれに不幸なものである。

（トルストイ『アンナ・カレーニナ』）

病気、介護、失職、果ては地震や洪水の自然災害……。降りかかる身の不運を、人は事細かに報告してしまいがちです。だれかに聞いてほしい。その気持ちは、分かる。

でも、ここでちょっと立ち止まってほしい。「読者とはだれか」という問題です。

読者とは、他者である

あたりまえの話です。わたしたちは、他者になにごとかを伝えるために発話するし、文章を書きます。文章の根源は、コミュニケートです。

私と汝とは絶対に他なるものである。私と汝とを包摂する何らの一般者もない。しかし私は汝を認めることによって私であり、汝は私を認めることによって汝である。

（西田幾多郎「私と汝」）

絶対に分かり合えない、わたし（I）と汝（You）。しかし、絶対の分かりあえなさを認めること、Iとは根源的に違う存在であるYouの存在を、受け入れ、承認する。「絶対に他なるもの」に、伝え、理解してもらい、交渉が成り立つ事実により、ほかならぬ「わたし」も、この世界に存在していることが確認される。

他者（汝）に向きあう。伝える。もっと言えば、他者に楽しんでもらう。そのために、文章を書く。

読者だって、できれば明るく、前向きな気分で日々を過ごしたいもの。負の感情を読者にパスすれば、筆者は気が楽になる。でも、それではあまりに身勝手です。

太宰治や嘉村礒多、葛西善蔵、島尾敏雄らの小説を読んでみて下さい。いずれも「それぞれに不幸」なものばかりです。圧倒されるような不幸。でも彼らの小説を読むと、なぜか自分は救われる。たとえば太宰の『人間失格』を、「暗い」といって敬遠する人もいるんですが、わたしにはほとんどギャグ小説に思える。

「しかし、お前の、女道楽もこのへんでよすんだね。これ以上は、世間が、ゆるさないからな。」

世間とは、いつたい、何の事でせう。人間の複数でせうか。どこに、その世間といふものの実体があるのでせう。けれども、何しろ、強く、きびしく、こはいもの、とばかり思つてこれまで生きて来たのですが、しかし、堀木にさう言はれて、ふと、

「世間といふのは、君ぢやないか。」
といふ言葉が、舌の先まで出かかつて、堀木を怒らせるのがイヤで、ひつこめました。

（太宰治『人間失格』）

人妻とねんごろになり、心中するが自分だけ生き残ってしまい、自殺幇助の罪に問われた主人公が、開き直っている。説教する友人に向かって「世間ぢやない。あなたが、ゆるさないのでせう？」と、心の中で反論する。でも、こわいから言えない。笑っちゃいます。太宰自身の体験を思わせる、ほとんど実話なのですが、でも、書き手（太宰）はおどけている。悲劇を書いている装いで、読者を笑わそうとしている。それぐらい、徹底して自分の不運を客観視している。

人間、下には下がある。

文例14の筆者も、不幸自慢をして読者を困惑させたいのではないと思います。であれば、もう少し、サービス精神がほしい。陰々滅々たる気分にさせない、軽み。自分を笑う余裕。

読者とは、自分である

文章は、他者に向かって書く。しかしそれは究極のところ、「他者としての自分」に向かって書くことでもあります。
難しいことを書いているんじゃないです。自分も、読者です。自分も、他者なんです。自分の書いた文章を自分が読む。自分の書いた文章によって、自分が救われる。要は、自分を客観視する。

雪の内に春は来にけり鶯の凍れる涙今やとくらむ

（古今和歌集より藤原高子）

まだ残雪はあるものの、ほのかに春の気配が感じられる。春を告げるウグイスの、目にたまる涙もとけて流れるようだ。
平安時代、高子は天皇の女御（寝所に仕える女官）でした。のちに皇太后にもなりますが、この時代の女性は、決して安寧な一生を送れたわけではない。天皇の女御でありながら、在原業平と恋愛関係にあったのではないかとの推測もあります。ウグイスの凍った涙が、春の暖かみでとけだす。涙にくれていた季節がようよう去りゆく気配がする。

なぜ、こんなことを歌うのか。書くのか、ということなんです。

人は文章を書くとき、悲しみをいったんわきに置く。悲しんでいる自分、落ちこんでいる自分を、客観視する。文章を書いているときだけ、自分が自分から離脱する。

悲しみ、苦しみを、忘却のかなたへ掃き清める。人間には、そうした「忘却の箒」が、どうしても必要なんです。

そして、文章を書くことこそ、忘却の箒になり得る。

文章は救いになり得る

文例14の筆者は、なぜわざわざ、わたしの講座にこの文章を書いてきたのでしょうか。

自分と家族の窮状を書いて、わたしにどうかしてほしいわけではない。自分で、自分を救いたい。そのための文章なんじゃないですか？　自分に向かって書いている。読者とは、自分だ。

なぜなら、わたしはこの文章に、光も見えたんです。

病院を突然解雇されたお嬢さんは、院長側から告げられた理不尽な解雇理由に、争うのも馬鹿馬鹿しくなり、補償を受け入れて退職したとあります。もう一人のお嬢さんも、雇用条件を守る自治体の非常勤職員として、いまは働いている。懸命に生き、闘っている。

なにしろ奥さんです。「すっかり体力をなくし」、衰えたとはいえ、若かりしころは「妖艶な魅力」があった。妖艶な魅力って、夫が言うか？　勝手にしてくれと、笑っちゃいます。ユーモアがある。

筆者は最後に「私らが先立った後、残された娘らが暮らしに行き詰るようなことにはならないか、恙《つつが》なく暮らしていけるか、それが一番の心配ごと」とも書いているんですが、家を残してあげて、そのうえさらに娘たちが心配だと、こういう文章を書いてくるやさしいお父さん。

もう、いいじゃないですか、自分が懸命に生きたあとは。娘たちは娘たちで、なんとかやっていきますよ。そう、声をかけたくなる。


そして、この家族は大丈夫だろうなとも、わたしは思ったんです。娘たちはそれぞれに強さがある。奥さんは、衰えたとはいえかつて妖艶だった。仲のよさそうな人生の伴走者。自分だって、家族を思うやさしさにあふれた、こんな文章まで書いてしまう人。よき人。好人物です。

筆者も、おそらく書いているうちに、「大丈夫。なんとかやっていける」と思い始めたんじゃないでしょうか。絶望とは「死に至る病」(キルケゴール)。そういう人は、文章なんて書きません。文章を書くことによって、この筆者は救われた。自分の文章で、自分を救った。

で、あればこそ、読者にもその救いを分けてほしい。最初から最後まで自分の苦悩を書いて終わるのではない。少しでいいから、笑みを、光を、見せてあげる。サービス精神。

読者とは、他者である。
読者とは、自分でもある。

考えるために、文章を書く

文例15

子供たちが幼いころディズニーワールドに行った。園内のコンドミニアムに一週間滞在し、多くのアトラクションやツアーに参加した。ディズニーが用意した娯楽を楽しみ、その満足感にみたされた。

旅行の終り、子供たちは帰りたくない、まだ居たいと言ったが、私はなぜか「早く仕事がしたい」と思った。

あれから時がたった。上司と合わない成果がでないなど、辛いこともあったが、今も働いている。仕事は、世のため人のためだといえればカッコいいが、家族のため、収入を得るため、そして余暇を楽しむためでもある。

（略）

今は子供たちが巣立ち、家内と山間の温泉に行く。景色がよく、空気がうまい。料理もおいしい。日々の労働から解放され、至極の時間だ。山々を眺め付近を散策するが、すぐにやる事がなくなる。スケジュールがないと、なにもできない。暇だ。

仕事の時はあんなに休みが欲しいのに、いざ暇になると、手持ち無沙汰なのはなぜだろう。何もすることがない状態は、することをわたしが決めないといけない。やっかいだ。

なぜ働くのか？

働かない自由な時間を得るためと思っていたが、実は、「暇に耐えられないので働く」のだった。

「なぜ人は働かなければならないのか」と題された作文です。この方の文章に、三妖怪はいない。書き慣れていますね。

しかし、わたしは不満足なんです。考えていないから。せっかくうまい文章を書けるんだから、考えてほしいんです。

なぜ文章を書くのか。

考えを深めるため。浅薄ではない、陰影のある大人になるため。そう言って大きな間違いではないと思っています。

踏み出すために、書く

この筆者は「暇に耐えられないので働く」と、いちおうの結論めいたことを書いています。しかし、徹底して考えた末の文章なのか。わたしは疑問に思う。

このころ、国分功一郎『暇と退屈の倫理学』が出版され、話題になっていました。作文筆者は、おそらく同書を読んだのではないかな?

教室でそう言うと、苦笑してうなずいていましたから、図星だったんでしょう。本を参考にするのが悪いのではない。ただ、触発されて、そこで終わってはならないんです。国分さんの本を読んで、刺激を受け、さて、自分はどう考えるんだと、自分に問う。刺激や影響から、半歩でもいいから踏み出す。自分の頭で考える。

それがないと、わざわざ文章を書く意味が、ほとんどない。

なぜ人は働くのか。

長く東京に住んでいたので、朝の通勤ラッシュが命を削るものであることはわたしも知っています。すし詰めの電車に家畜のように詰め込まれ、身動きできず、人と視線を合わさないように、吊革につかまる。新聞を読んだり、本を読んだりするスペースもない。身じろぎもせず、拷問が終わるのをただ待つ。

あんなものを二十年、三十年もしていたら、そりゃあ、笑い方を忘れます。本も映画も芝居も音楽も、楽しむ気力なんて失ってしまう。

今日もつらいすし詰め電車に乗るサラリーマンに、訊ねてみる。なぜ駅に行くんですか？

「電車に乗るためですよ」

なぜ電車に乗る？

「会社に行かなきゃならないから」

なぜ会社に行く？

「（あきれて）会社に行かないと、給料が出ないじゃないですか」

なぜ給料が必要？

「（やや憤然として）食っていくために。カネがなければ、なにも買えないし」

なぜ「食っていく」んです？

「食わなきゃ死んじゃうだろ。生きていけない」

なぜ、「生きていく」んです？

「なぜ？　なぜって……」


この作文筆者は「家族のため、収入を得るため、そして余暇を楽しむため」と書きます。でもそれでは、答えに詰まったサラリーマンと同じレベル。なぜ「収入を得る」必要があるのか。換言すれば、なぜ生きるのか。考えていない。

文章を書くと自分が新しくなる

筆者は「暇をもてあますから、働く」と書きます。では、暇を埋めてくれる余暇、レジャー、趣味が見つかればいいのか？　それでも満足できない。余暇だけでは退屈する。働きたくなるんじゃないですか。

余暇と、働くことの本質的な違いはなにか？　対価を得るということが、本質的な違いか？　だとすれば、宝くじにでも当たったら、働くことはやめるのか？

少し考えただけでも、問いは深まっていきます。

自分としては、もうこれ以上は考えられない。そこまで考え抜いて、ようやくスタートラインに立つ。自分の考えを言葉に整えていく。

そこで不思議なことが起こるんです。

考え抜いて、いったんは結論が出たものを、言葉に直していく。他者に分かるように、文章を工夫する。自分に嘘をつかないように、誠実に言葉を探す。

まさにその作業をしている途中、さらに考えが深まる。あたかも自分が書こうとしていた文章そのものによって、自分の考えが、先に伸びる。

「ああ、おれはこんなことを考えていたんだ」

文章を書くことにわたしが取り憑かれているのは、そこなんです。自分の文章によって自分の考えが伸びる、考え抜くことによって、新しい自分になる。

自分を、生まれ変わらせる。自分を、転がす。

「好き」を書く鍛錬

文例16

で、翌日は楽しみにしていた円成寺の大日如来を拝みに行った。

やっと話は「私の好きな仏像」に移る。大丈夫、二百字で書く人もいるのだ。地図を見て思った。なんでこんな山の中に！　あと少しで柳生まで出られる。お、途中に春日山石仏群がある。これを見ながら、歩いて行こう。長い道中ははしょる。とにかく、いかに円成寺が人里離れているかを十分体感してから大日如来に初めてまみえる。運慶二十五歳の作である。大日君は、若い！　みずみずしい。美しい。のちに運慶の工房は東大寺の仁王像など、若い衆たちと共同作業をしているが、この像は、まだ無名の運慶、一人で魂込めて彫ったものに違いない。美に対する気概が感じられる、すばらしい像である。

「私の好きな仏像」と題された作文です。

文章教室で出す課題に、「わたしの好きな〇〇」という定番テーマがあります。人はだれしも、自分の好きなものについて語るのは、楽しい。しかし、なぜ好きなのか、その理由を深く考えることは、少ない。「好きだから、好きなんだ。理由なんかない」で終わってしまう。

それではいかにももったいない。好きなものについて書く。それは、先に述べた「考える力」を伸ばす、かっこうのトレーニングになるんです。

好きな人、好きなスポーツ。音楽、映画、芝居。好きな風景でもいい。なぜ好きなのか、考え抜く。

よく見るんです。よく聴く。手でなで回し、香りをかいでみる。口に入れていいものなら、そうする。味わう。

自分の好きなもの／ことは、複数あるはずです。そこに共通項がないか。自分の「好き」の本質を抽出する。

この文例はどうでしょうか。

大日如来が好きだと書いておきながら、「若い・みずみずしい・美しい」だけなんです。

最後の文章の「すばらしい像である」。これは、絶対に指してはいけない悪手です。「すばらしい」と、ライターが書いてはいけない。「すばらしい」と思うのは読者。読者が、なるほどと納得し、少し遠いが奈良まで見にいこうかと思わせる。

なぜすばらしいのか。よく観察して下さい。五感を使って、感じ取って下さい。

アドバイスをもとに書き直してきた文章は、見違えるように躍動していました。

大仰文体は避けたい

文例17

父の積年の願い。それはカラオケで90点以上とること。いままでの最高得点は88点。毎晩ユーチューブで三橋三智也、春日八郎のベスト曲集にあわせて30分歌うのが日課であった。

サラリーマン時代の父は、スナックで、低音の魅力、フランク永井や石原裕次郎を歌いママやお客さんを魅了していたそうだ（本人談）。

父と同級生の母は、民謡大会で優勝歴もあり、なにを歌っても軽々と90点以上をたたき出す。そんな母に自己流で歌う父は機械が審査するシステムではまるで勝ち目がないのであった。90点の壁を意識しだしてから父は母とカラオケに行く事を渋りだした。

今年の6月に帰省し父と2人で歌いに行った。毎回父の締めの曲は、谷村新司の昴ときている。父の歌うこの曲を一体今まで何度聴いてきたのだろうと思いながら、おっ何かいい感じ！と、するとなんと得点は91点！　初めての90点超えに父は「やったぞ！」とこぶしをあげて喜んだ。しかしそんな父の姿を見て私はなんとなく何かが終わってしまうような淋しさを覚えていた。

常々「パパはもうやりきった」と言っていた父であったが、90点の壁を超えた2カ月後あっけなく帰らぬ人となってしまった。苦しむこともなくまるで眠っているかのような穏やかな顔をしていた。そしてその2カ月後に谷村新司さんの訃報。本当に驚いた。父はファンというよりは、ただただ昴が大好きだというだけだったのだが、今ごろ天国で一緒に歌っているのでは、と思えるほど、二人の死は悲しみを越えて希望すら感じさせてくれることに私は今感謝している。

すっきり読めるので、省略なしで全文掲げました。三妖怪は、どうやら、いない。上級者と見ました。

上級者なので厳しく指摘すると、書き出しに改良の余地があります。

父の積年の願い。それはカラオケで90点以上とること。

少し、大げさに感じませんか。

〇〇。それは××だ。

この構文は大仰文体です。それほど珍しいことを言っているわけでもないので、こういうもったいつけは避けたいところ。また、体言止めが三つ（願い／とること／88点）も連続しています。これは重複ドンの亜種です。

父の積年の願いはカラオケで90点以上とることだった。いままでの最高得点は88点。毎晩ユーチューブで……

大げさにしないで、さらっと書き出しましょう。

書き過ぎない

この文章の長所は、ユーモアですね。あまりはしゃがず、淡々と、ほほえましく書く。

・（本人談）

・父は母とカラオケに行く事を渋りだした

・なんとなく何かが終わってしまうような淋しさを覚えていた

うまいなあと思います。

一方で最大の欠点は、逆に、書き過ぎているということなんです。最後の箇所。

　二人の死は悲しみを越えて希望すら感じさせてくれることに私は今感謝している。

筆者は、まさしくここを書きたかったのでしょう。やさしく、趣味人で、子供っぽくムキになるお茶目な父。憎めない人。その思い出を、一緒にカラオケに行くほど仲のよかった娘が書く。鎮魂の文章。

しかし、その鎮魂の思いが、書き過ぎることによって殺《そ》がれてしまう。強い言葉ですが、しらけてしまうんです。

文例16にあげた仏像の話と構造は共通しています。「素晴らしい」と書いてはいけない。素晴らしいと感じるのは、他者である読者だ。

父の死にあたって、自分は「希望すら感じ」ている。生前の父に「今感謝している」。しかし、そう書かないで、読者に「この筆者は、お父さんの死に際会しても、希望をもち、感謝して見送っているんだな」と思わせる。文章とは、他者に向けて書く。

逆説を弄しているようですが、「書き過ぎている」のは、「まだ書いていない」のと同義です。筆者は、余計な感傷を書き過ぎている。したがって、肝心かなめなことをまだ書いていない。

常々「パパはもうやりきった」と言っていた。なにを「やりきった」のか。その父親像が、不鮮明なんです。

歌のことしか、書いていないから。だから、他者である読者もそれほど感情移入できない。いったいどんな父親だったのか。歌以外で、他者である読者に魅力的に伝えないと、家族にしか分からない「閉じた文章」になってしまう。
ここは、次の文例18で詳しく説明します。

分かりにくさの正体

文例18

「枕が飛んだ朝」

「シュッ」、目の前を枕が飛んだ。その先には布団にくるまって寝ている父がいる。「ズシッ」、と後頭部に命中した。あっけにとられている自分の横で、母が肩を震わせて父に向かって何か怒鳴っている。私が小学四年生の冬の朝のことだった。

その日、私の学年は日曜日の校外学習で二駅離れた隣町に映画鑑賞に行くことになっていた。ところが迂闊にも集合時刻を間違えてしまった私が学校についたとき、教室はもぬけの殻だった。

一人しょんぼりと帰宅した私。母はまだ布団に入っていた父に、私を隣町の映画館に連れて行くよう何度も何度も頼み込んだ。ところが父は暖かい寝床から離れられずいつまでたっても起きてこない。ついに母は堪忍袋の緒を切らし、父をめがけて枕を投げつけたのだ。普段はとてもおとなしい母があんなに怒り狂った姿を見たのは、後にも先にもあの時以外に無い。

あの朝のドタバタの原因はすべて自分の遅刻にある。父にも母にもすまない気持ちで一杯だ、今さら詮無いことだが・・・。

あれからもう六十年余りが経つ。父も母もとうに鬼籍に入った。あのとき私は父の丈長のオーバーの陰に隠れ、『動物の世界』に見入ったはずだ。ひっそりと入場したあの映画館は昭和の終わり頃廃業し今は跡形もない。

すべて淡淡《あわあわ》とした遠い昭和の、幻のような思い出である。

冒頭の「シュッ」「ズシッ」といった擬音語は常套句の変種で、再考したほうがいい。「小学四年生の冬の朝の」「父をめがけて枕を」が重複ドン。

しかし、全体としていいコラムです。懐旧の切なさが、時間のオブラートにくるまれて、それこそ「淡淡《あわあわ》とし」て伝わってくる。

それでも、わたしには、このコラムは分かりにくいんです。分かりにっ壁がいる。


あの朝のドタバタの原因はすべて自分の遅刻にある。父にも母にもすまない気持ちで一杯だ。

なぞは残された

以下、私事にわたりますが、少しだけお付き合い下さい。

わたしは東京・渋谷生まれなんですが、母親は新潟の生まれ。雪深いとんでもない田舎の村です。白い米の飯なんか食えないから麦飯。上下水道もない。便所はくみ取り。風呂には井戸水を使っている。子供時代、夏休みにこの田舎に預けられるのが、とてもいやだった。

母は中学を出るとすぐ、働きに出された。町なか（といっても新潟市ですが）の八百屋の奉公人になるんです。住み込みで、寝る部屋とまかないの食事は与えられます。給金は実家に仕送りしていた。そんな青春です。中卒だから、難しい漢字もあまり知らないだろうし、本なんか、一冊読み通したことあるのかな。


父親のほうはというと、東京・渋谷の佃煮屋のせがれだった。六人兄弟の五番目。商売が繁盛していたので、かわいがられ、わがままに育ったんですね。金銭上の苦労はしていない。この父は、前にも書きましたが、とんでもないギャンブラーになって、莫大な借金を背負う。わたしたち家族は苦しみました。

母親は、新潟の八百屋から東京の佃煮屋に流れてきた。ここでも住み込みの奉公人。下女ですよ。そこで父親に手をつけられて、できちゃった婚という、まあそういう人生です。

以上、あまり書きたくなかった、両親の紹介です。

先のコラムに戻ります。

切ない気持ちにさせるいいコラムなんですが、大きな欠陥もある。なぞが残っている。

「父にも母にもすまない気持ちで一杯だ」とあります。これがわたしには分からない。

この父と母は、どういう人だったんですか？

わたしのような父母でしょうか？

父親は昨夜のギャンブルで負け、やけ酒でふて寝して、朝から仕事になんか行きゃしない。そこで、ふだんはおとなしい、漢字もろくすっぽ読めないような、元は下女であった母親が、子供を思って怒った。枕を投げつけた。そういうことでしょうか？

であれば、わたしは「父にも母にもすまない気持ちで一杯」にはならないだろうな。

父には憎しみしか残らない。母親にはすまない気持ちになる……いや、それも違うな。

「この母親はおれが守るんだ」みたいな気持ちでしょうか。

まだ、書いていない

この筆者の場合は、どうだったんでしょう。このコラムで最大の肝なのに、そこがない。だから分からない。なぞが残されている。

すでに鬼籍に入って何年も経っている父と母。みんなに遅れて入った映画館。恥ずかしいけれど甘い記憶。

しかし、文章を書き進めるうちに気づいたはずなんです。この文章は、映画の記憶を書く文章ではなかった。とうに亡くなった父と母を、自分の文章によって、この世に顕現させる。父と母を、呼び戻す。召喚する。そういう文章だった。

映画館の記憶は、だから、文章の主題というよりきっかけに過ぎない。ほんとうに書くべきことは、父と母という人間、そのありよう、声、姿、生き方、ぬくもりを思い出す。

ふだんはおとなしいが、びっくりするくらいに怒った母親。枕を投げつけられ、文句を言いながらも、でもやっぱり子供をコートの影にかくして映画館に連れていってくれる父親。帰りには二人、どこかで甘いものでも食べたんでしょうか。だからこそ「すまない気持ちで一杯」になったんだし、いい大人になったいまでも思い出し、こうして文章を書いているんじゃないんですか？

筆者の淡々《あわあわ》とした記憶。それは、父、母の「人間」を書いていればこそ、読者にも迫ってくる。読者も、自分の父母を思い出す。

言葉は、自分が考えていること、感じていることを表現する道具ではない。むしろ文章によって、自分が考えていること、感じていることを、思い出す。ああ、おれはこんなことを考えていたんだ。そのことを、文章を書いている途中、当の自分が発見する。

文章は召喚する。

文章を書くという行為がとてつもなくおもしろいのは、このためなんです。

なにかあるはずだ

少し湿っぽくなりました。一転、軽い調子のコラムで本章を締めくくりましょう。

文例19

「いい加減にして、私あなたのママじゃない」とかつて百恵ちゃんは歌っていた。ここ数年はそんな気分だ。

結婚した33年前、年上の夫は私をちゃんづけで呼んでいた。子どもが生まれてからは「ママ」に変わり、子どもたちがみな成人しても、息子たちが恥ずかしがってすでにママと呼ばなくなっても、娘に子どもが生まれて「おじいちゃん、おばあちゃん」になっても、いまだに「ママ」なのだ。

家の中では構わないが、困るのは買い物に出かけたとき。離れたところから還暦をとうに過ぎた夫から「ママー」と呼ばれると、恥ずかしくなって他人のふりをする。最近は一緒に買い物に行かないようにしている。

こちらもついついパパと呼んでしまう。今更なんと呼べばいいのか。初々しかった新婚の私は、○○さんと丁寧に呼んでいた。そこに戻れば、夫も私を名まえで呼んでしまうのか。とりあえずママは卒業宣言でもしてみようかな。

「離れたところから還暦をとうに過ぎた夫から」が重複ドンで気になりますが、上手ですね。

わたしはこういう、軽いコラムが大好きなんです。喜怒哀楽の「楽」。読者を、軽い気持ちにさせる。人を怒らせたり、悲しくさせたりするのは簡単です。だって世界は、悲しいこと、腹立たしいことにあふれていますから。読者を楽にさせること、少し笑わせること。それがいちばん難しい。難しいからこそ、挑みがいがあります。

この文章の書き手も、気持ちの軽い方なんでしょうね。

「恥ずかしくなって他人のふりをする」とか、「最近は一緒に買い物に行かないようにしている」とか、笑っちゃいます。でも、冷たい感じはしない。「新婚の私は、○○さんと丁寧に呼んでいた」と、ほほえましい。

だからこそ、「結」にもう少し気を向けてほしい。絶好のゴールチャンスがあったのに。

自分の書いた文章を、よく読んで下さい。読み返してください。これだけおもしろいコラムで、この結はないでしょう。なにかあるはずだ。わたしなら、そういう目で探します。

じっさい添削しているとき、わたしは瞬時に見つけました。ヒントは冒頭です。

いい加減にして、私あなたのママじゃない。

山口百恵の大ヒット曲「ロックンロール・ウィドウ」。なぜ、この歌詞が冒頭にあるんでしょう。筆者の単なる思いつき。偶然。そう考える人は、文章の魔力をまだよく知らない人です。

ぜったいに、ここになにかがある。隠されている。わたしだったら、そういう目で文章を読み返します。

もしもだれかに聞かれたら
夫はとうに亡くなりました
いい人でした
かっこかっこかっこかっこかっこかっこかっこつけて泣きたいわ

（阿木燿子作詞「ロックンロール・ウィドウ」）

ビンゴ。これしかないです。「とりあえずママは卒業宣言でもしてみようかな」なんて、ゆるい結語を書いてる場合じゃありません。自分の書いた文章そのものが、エンディングテーマを指定しています。

初々しい新婚時代をへて、妊娠、出産、ふたりで苦労して子育てを終え、また、ふたりきりの小さな生活に戻った。わたしも、あなたも、懸命に生きた。子供を育てあげた。だからわたしは、「〇〇ちゃんのママ」を卒業する。あなたも「パパ」を卒業してほしい。

子供は「個」として巣立った。わたしも「個」に戻る。いまを、生き直す。

なぜか。

そっちのほうが、「かっこいい」から。

もしも夫に呼ばれたら、ママはとうに亡くなりました。いい人でした。かっこかっこかっこつけて生きたいわ。

昭和歌謡のじじばばギャグで、若者には通じない——。そう脊椎反射する馬鹿者が出てきそうですが、名曲に時代は関係ないです。「かっこかっこかっこつけて生きたいわ」と、いかにもおかしな、いわば狂った文章が挿入されていれば、少なくとも「なにか、ヘン」と疑問には思う。それこそ令和世代ならすぐに検索、正解を見つけるでしょう。

文章は召喚する。
自分の書くべき文章を指し示すのは、自分の書いた文章そのものだ。

応用篇

第五章

感性を磨く習慣づくり

人間はだれしも、毎日二十四時間ずつ死んでいる。

（マルクス『資本論』）

わたしたちは、毎日二十四時間、生きています。それはとりもなおさず、毎日二十四時間ずつ「死んでいる」ことを意味します。生と死は、反対概念ではなくて、生のなかに死を含んでいる。生きるということは、死ぬことだ。

そのことを、わたしたちはもう少し、まじめに考えたほうがいいです。

生まれる時代、生まれる国を、自分では選べなかった。「親ガチャ」という流行語がある。生まれる家庭も選べない。そもそもの最初から差がついている。与えられる教育機会が違う。

世界はゆがんでいる。人生はアンフェアだ。

これが大前提です。

さて、そうした愚劣な世界ではありますが、ひとつだけフェアなことがあります。

「人間だれしも、毎日二十四時間ずつ死んでいる」という事実。

どんなカネ持ちでも、時間は創造できない。だから、だれにも平等なたったひとつの資産である時間を、わたしたち凡人は最大限に利用するしかないんです。

習慣は第二の天性

この本の主題は、感性を筋トレで身につけることです。もっとも重要なのが、時間とうまく付き合うこと。

Time is on my side.

ニューオーリンズ・ソウルの女帝アーマ・トーマスが、そう歌っています。時を味方につけよ。長く、倦《う》まず、たゆまずに続ける。そのための〈習慣〉です。

才能も、生まれた環境も、平等ではない。しかし、習慣さえ身につければ、われわれ凡夫にも道は開ける。

読者のなかで、朝、顔を洗わない人は、どれくらいいるでしょう。食後、歯を磨かない人はいますか？

顔を洗ったり、歯を磨いたりは、決して「ふつう」の所作ではありません。じじつ、多くの子供は厳しくしつけられないと身につけない。しかし、いったん習慣になってしまえば、なんということはありません。むしろ、しないと気持ちが悪い。

習慣の力とは、それです。

最初に身につけるべき習慣

感性の筋トレで最初に始めるべきなのは、なにをおいても読書です。本、それも紙の本を、読む。紙の本を買い、手元に置き、毎日一定時間、読む。時間と場所を決めて本を読むという生活態度を身につける。

ところで、紙の本を読む習慣が身についている職業ライターは、じつは驚くほど少ないです。わたしは新聞社に勤めていたので、長いこと、新聞記者や雑誌記者、フリーライターにカメラマン、編集者と付き合いました。言葉を扱う職業なのだから、さぞや読書家ばかりだろうと思うでしょうが、違うんです。

もちろん、本は読む。でもそれは、「仕事の資料を読む」だけ。取材対象について書かれた新聞や雑誌、書籍。そういったものは、かなり読む。しかし、それだけ。仕事が〝できる〟と自他ともに認めている人ほど、その傾向があります。

五感を鍛えるための本（後述します）とは、目先の仕事とは関係のない本です。それどころか、「なんの役に立つの？」「どこがおもしろいの？」と疑問に思うような本が並んでいます。

あたりまえです。筋トレなんですから。トレーニングをしているということは、古い〝筋肉〟を刺激し、破壊して、新たな筋肉（感性）を増量して創っていくことです。「おもしろくない」「よく分からない」と思うのは、自分の古い感性を破壊しているのだから、むしろ当然。安心してください。

電子書籍を否定してない

少し話がそれますが、電子書籍ではだめなのか、とよく聞かれます。「電子書籍を否定している」と誤解し、なぜか感情的になる人もいる。そんなことは、ひとつも言っていません。紙の本と、電子書籍は、別の物体だと言っているだけです。電子書籍も、大いに利用したらいい。わたしも、資料としての書物、データとしては電子書籍のほうがいいと思う。検索性にすぐれているし、なにしろ場所をとりません。

紙の本は、データじゃない。なにかというと、紙の本は記憶なんです。

紙の本がたまって本棚に千冊を数えるくらいから、なにやら部屋の空気が変わってきます。あやしい空気。

紙の本に囲まれて生きるのは、本好きにとって幸福そのものです。自分なりの秩序で整理した本の、背表紙を眺める。本のタイトルは、その人の歴史そのものです。どうやって生きてきたか。なにを学び、どう変わったか。紙のページの手触りとともに、豊かに思い出す。記憶が喚起される。

本と過ごした時間が、よみがえる。


感性というのは、記憶を積み上げていくことなんです。第三章、保坂和志の小説で書きました。人間がなにかを感じとれるのは、〈記憶〉があるからです。

記憶というのは身体と切り離せません。ある本を読んでいたときの、季節、温度、場所、紙の手触り……それらとともに、本の中身、というより、本を読んでいたときの自分の感覚が、記憶される。


そして紙の本というのは、記憶の喚起装置です。視覚、聴覚、嗅覚とも結びついた体験は、脳の神経細胞ネットワークに電気信号が流れることによって、そのパターンが保持される。それが「記憶」の正体です。

だから、別々に使えばいい。データとして蓄積《ストック》させておくのは電子書籍。五感とともに、いつでも流れ《フロー》としてある記憶は、紙の本。

まずもって、紙の本を読む習慣を身につける必要がある。毎日、できるだけ定時に、できるだけ同じ場所で。

L'habitude fait aussi bien le caractere de l'homme que le stilo de ecrivant

習慣というものは、まるで作家の文体のように、人間の性情によい影響を及ぼす。

（プルースト『失われた時を求めて』）

習慣があるから、人間として向上できる。

みなさん自身の工夫で、快適に過ごせる場所と時間を見つけだしてください。

ぜいたく習慣の風呂読み

わたしのささやかなぜいたくとして習慣にしているのは、「風呂読み」です。

湯船に少しぬるめの湯を張る。浴槽のふたを渡す。ふたを机に見立てて、その上に本と、ジップロックに入れたキッチンタイマーと、充電式の読書灯、タオルを置く。タイマーを十五分に設定して、本を読む。タオルは汗ふき用です。

副交感神経を高めて健康にいいうえ、毎日必ず十五分は読書をすることになる。

この風呂読書を編み出し(?)てから、わたしの読書歴はがらりと変わりました。読書量が飛躍的に増えたうえ、難しい本や、大部の本を恐れなくなったんです。

プルーストの『失われた時を求めて』は、集英社文庫版で全十三巻もあります。まともなビジネスパーソンは読みません。読めません。うそかまことか、「この本を読破するために、一年間大学を休学した」なんて話もあるんですが、休学する必要なんてない。毎日、風呂で読めばいい。


わたしは読むのが遅くて、小説でせいぜい一分一ページ。十五分で十~十五ページしか読めません。たいしたことないです。

それでも毎日欠かさず続ければ、年間で五千ページほど読むことになる。一年と少し風呂に入っていれば、『失われた時を求めて』十三巻なんて通読できてしまう。実際、わたしはそうして完読しました。

大部の本もそうなんですが、難しい古典、たとえば紫式部の源氏物語は世界的な大傑作とされていますが、わたしに言わせれば、こんなもの、まともな神経では通読できないと思います。千年以上も前の、光源氏という食えない男、いやなやつの恋愛譚に、付き合っちゃいられません。しかも極めつけに難しく分かりにくい〝悪文〟です。読みにくい。だいたい、明治時代の文豪でさえ読むのに苦労していて、正宗白鳥なんか原文はとても読めないから英語で読んでいる。

ところが、湯船の中ならば、いいんです。本は「ついで」に開いているだけだから。主眼はゆっくり低温浴なんだから。

うっすら汗をかいてくる。清潔な乾いたタオルで、ひたいをぬぐう。足指の先まで血液が流れ、昼の疲れがときほぐれる。平安時代の遠い宮廷話にも、付き合える。聞いてあげられる。音読するのがいいでしょう。

そしてこんないい加減な読書でも、一週間に一回や二回は、はっとする文章に出くわすんです。人生の真実に、出会う。そのページを折る。線を引く。

ふまじめだろうがなんだろうが、人類史上の大傑作をこの手法で読破できたなら、これ以上の徳も得もない。

スマホを寝室に置かない

読書習慣については、もうひとつだけ。起きた直後の、起き抜け十五分読書。だれしも、起きた直後はいやなものです。まだ寝ていたい。布団のなかでくるまっていたい。学校に、会社に、行きたくない。世界に出たくない。強烈に寝起きの悪い人がわたしの知り合いにいて、「夢は永眠すること」と言っていました。笑っちゃう。まあ心配しないでも、人間いつしか永眠します。

しかし、いましばらくは、生きなければいけない。では、どうするのか。

起きて最初のアクションを、読書にすることです。スマホは、決していじってはいけません。スマホを寝室に置いてはいけない。枕元に置くなんてダメ、絶対。スマホのアラームではなく、目覚まし時計を買う。感性筋トレ者にとって、スマホとの距離のおき方は決定的に大事です。

もうみんな薄々気付いていると思うのですが、スマホというのは、麻薬なんです。中毒にしようと、大資本がしのぎを削っている。スマホのアプリは二十一世紀のドラッグ産業です。クスリ漬けにして奪っているのはなにかというと、わたしたちの時間です。時間が、溶けていく。時間と個人情報が奪われ、カネに変換され、彼ら資本の手に広告費として渡る。

どれだけ長く画面に留まってもらえるか。「続きを読む」「次へ」をポチってもらえるか、あの手この手で研究・開発している。SNSの「いいね」も炎上も、どんどん時間が短くなる動画も、芸能ニュースもスポーツも、ポルノも暴力も、みなそうなんです。

一切スマホをいじるなと、そんなこと言ってない。たしかに便利な器具ではあります。ただ、資本がその気ならわたしたちも頭を使いましょうと、提案しているだけなんです。手にしたら最後、すぐに時間を「溶かす」。そんなガジェットを、目覚めた瞬間に手にしてはいけない。アラームとしても、決して手を触れない。安いんだから、量販店で目覚まし時計を買ってくる。

今日も生きてていい

目覚めた瞬間に手にするべきなのは、断然、本です。紙の本。

夜のうちに、枕元に本を用意しておく。目覚まし時計が鳴ったら、仕方ない、目をつぶったまま、電気をつけ、枕元の本に手を伸ばす。

ページをパラパラする。物体としての本が、こういうときにいい。触っているだけで、指先から世界の実感が伝わってくる。紙のやわらかい匂いもする。電子書籍では、こういうことが起きない。

そのうちあきらめて、まぶたを開ける。目薬でもさしてみる。世界に、眼が開く。寝ぼけた頭のまま、手元の本をながめる。

ここで、きっちりと時間を計ることです。朝はみんな忙しい。十五分くらいが適当ではないでしょうか。キッチンタイマーをスタートさせる。

本は、なんでもいいのですが、自己啓発本やビジネス本ではなく、小説や詩、俳句に短歌など、少し浮世離れしているものがいい。まだ、夢と現《うつつ》の世界を、行ったり来たりしている状態です。そんなときに読む本は、現世利益から離れていたほうがしっくりする。

二度寝してしまうかもしれない。それでもいいんです。心配無用。キッチンタイマーがきっちり十五分後に起こしてくれます。そのときは、読書はやめて、起きる。

たったの一、二ページしか読めなかったかもしれない。それでいい。

新しい一日を、たとえば古今和歌集の二首、シェイクスピアの戯曲の数節で始める。何百年も生きてきた言葉を、数分間は読んだ。目が覚め、世界に帰還した。

約束します。今日はすてきな一日になりますよ。

現実生活のつらさ、面倒くささ、味気なさは、変わらないかもしれない。でも、自分が変わっているんです。どことなく、浮世離れしている。古代日本人の、遠い外国人の感じた、つらさ、悩み、悦《よろこ》びを読んで、そうして目が覚める。自分の悩みやつらさも、少しだけやわらぐ。

人間なんて、おんなじだ。いつでも、どこでも、つらいし悲しいし死にたいと思ってるし、それでも生きてきたんだ。

朝の十五分読書を習慣にすると、「達成感」が手に入ります。朝、十五分読書をした。もうそれだけで、ひと仕事終えたも同様だ。残りの二十三時間四十五分、ろくな仕事ができなくても、たいした人生じゃなくっても、すでに自分はひと仕事終えている。自分には、今日も生きる資格がある。

そんな確信が生まれてきます。

世界を変えるノート

味わった達成感を定着するためには、ノートに記録するのが有効です。今日は、朝の十五分読書をした。その実績を、自分なりの印で手帳に記録する。いわば「アスリートノート」。

紙の手帳が断然お薦めです。スマホのスケジュール帳に記録するのは、ほとんどなんの意味もない。これは、デジタル機器を否定しているのではなく、デジタル機器と紙の文房具は「違う」と言っているだけです。それぞれに向き不向きがある。用途が違う。

そして、「感性の筋トレ」記録はデジタル機器には不向きなんです。

デジタル機器は、いわば「ストック」なんです。データは、いくらでも入る。場所を取らない。そして検索性にすぐれている。

手書きの手帳や日記、ノートは、「フロー」です。ためこんでいるのではない。毎日、目の前を通り過ぎる。紙だから、パラパラできる。このパラパラが、とてもだいじなんです。一覧性にすぐれているから、この一カ月、自分はどういう感性トレーニングをしてきたか、すぐによみがえる。達成感を味わえる。自分を褒めてあげる。逆に反省することにもなる。自分に発破をかける。

朝の読書だけではなく、わたしは一日のあいだにさまざまな「感性筋トレ」を自分に課しています。その筋トレをしたかどうか、自分にだけ分かる印で、手帳に書いている。あくまで参考ですが、現在のところ、自分には次の課題があります。それぞれ十五分ずつです。

①海外古典文学読書
②日本古典文学読書
③自然科学もしくは社会科学の古典読書
④詩集の読書
⑤英語本の速読
⑥スペイン語本の読書
⑦フランス語を一文、ノートに訳出
⑧ドイツ語を一文、ノートに訳出
⑨抜き書き帳作り
⑩過去の抜き書き帳の再読
⑪高校数学のテキストをノートに書写
⑫英単語帳四冊（一万二千語）の復習
⑬フランス語、ドイツ語テキストの音読

⑨、⑩の「抜き書き帳」については説明がいるのですが、それはわたしの前著『三行で撃つ』『百冊で耕す』（いずれもCCCメディアハウス）を読んでください。詳述しています。

このほかにも、猟師ですから据銃《きょじゅう》の練習やスクワット、腕立て、懸垂など、ほんとうに肉体的な運動スケジュールもあります。ここでは省いています。

紙の手帳は全身鏡

十五分ずつなので、①〜⑬のすべてを達成して三時間ほどかかります。

もちろん、こんなスケジュールを毎日こなすのは異常です。できません。できないんですが、年間に十日ほどは、全部の印が並ぶ日がある。

そういう日はうれしいものです。一年間で何日、パーフェクトに課題をこなした日があったか。それを数えるだけで、モチベーションがわく。

異常と言いましたが、しかし、アスリートノートにはそういう機能がある。人間は性情として、収集することに本能的な悦びを感じる動物なんです。人類は、定住して農耕を発明する前、何十万年ものあいだ、狩猟採取で生きてきました。けものなんてそうは獲れない。木の実や海藻をこつこつ集め、飢えをしのいだ。生き残ってきた。

集めるのは、人間の根源的本能だ。たとえそれが、手帳につけるただの印であっても、です。

この本能を利用しない手はない。だからこそ、デジタルではなく、紙の手帳につけるんです。パラパラとめくれる。月をまたいで、すぐに移動できる。

二月はびっしりと印が並んでいる。感性筋トレの課題をこなせている。比較的、仕事が落ち着いていたからだ。四月は急激に印が減っている。人事異動で慌ただしかったからだけど、反省しなくちゃなあ……。

そんなふうに、考えるようになってくる。

いわば、手帳が全身を映す鏡になっている。手帳で、フォームを確認できるんです。野球で言えば、ピッチングフォームやバッティングフォーム。大谷翔平選手は、毎日、確認しています。われわれも、それをまねるんです。

フォームの乱れは生活の乱れ。仕事や家庭生活で、感性の筋トレができないことはあります。ロボットじゃないんだから。それは仕方ない。肝心なのは、「フォームが崩れている」と自覚することなんです。フォームの乱れを自覚しないと、あとはズブズブ。生活の海に溺れるだけです。

感性筋トレ十箇条の御誓文

さて、感性筋トレの本丸は以上述べた読書になるんですが、読書以外の筋トレは具体的にどうするか。ほんのさわりだけ、アイデアレベルですが、十箇条の御誓文として以下に簡単に記していきます。

①ポピュラー音楽は必須科目

最近は音楽を幅広く聴くという趣味はすたれたようで、とくに洋楽離れが進んでいるということです。日本のポップス、しかもヒット曲のみ。わたしのように、起きている時間はいつでも音楽を聴いている人間からすると、淋しい気がします。

まず、感性の筋トレで「むりやり音楽ファン」を目指しましょう。

ポピュラー音楽にも、ロック、ポップス、ソウルやR&B、ヒップホップ、ジャズ、ラテン、アフリカやアジアのワールドミュージック、テクノやハウスのエレクトロなど、多くのジャンルがあります。個人の好みはもちろんあっていいんですが、なにせ筋トレなんだから、えり好みはしない。すべてのジャンルを聴いていく。

やみくもに聴くのでは、見通しが悪い。読書と同じく、ここでもリストが役に立ちます。名盤リストです。

もっともお薦めなのが、ミュージックマガジン社の出している「MUSIC MAGAZINE&レコード・コレクターズ present 定盤1000」というリストです。

1969年に始まった同誌は、英米日のロックやフォーク、ジャズだけに特化しないのが、際立った特徴です。幅広いジャンルの、世界の大衆音楽を紹介することに尽力します。中南米諸国のラテン音楽も詳しいし、アフリカやアジアの大衆音楽、いわゆる「ワールドミュージック」ブームも牽引しました。ポピュラー音楽研究家で創業者の中村とうよう氏による編集方針が大きく影響したのでしょう。

これら音楽ジャンルすべてに通暁することが目的ではありません。そんな人間が世の中にいるとは思えません。ただ、こうした音楽ジャンルが「ある」こと、そしてそれぞれのジャンルに熱狂的なファンがいて楽しんでいること、その事実に新鮮に驚くことが目的です。

「定盤1000」では各ジャンルで評価の定まった盤を、それぞれジャンルに詳しい評論家がコンパクトに紹介していて、たいへんに便利です。

「評論家買い」もお薦めです。名盤リストを読んでいると、ある特定の評論家のお薦めする盤が、自分の趣味にフィットすることがよくあります。文章が読みやすく、じっさいに音を聴いても響くものがある。であれば、その評論家の単著を読んで、お薦め盤を追いかけるようにして聴いていく。

ロックやジャズやエレクトロや、特定のジャンルに強い専門ライターではなく、多ジャンルを広く渉猟している人が、ここでも望ましいですね。先の中村とうよう氏を始め、北中正和、萩原健太、湯浅学、高橋健太郎氏ら、日本の音楽評論家には音楽ジャンル全般に詳しい人が多数います。彼らの単著を、いわば教科書にして追っていく。

②クラシック音楽は文字から入る

クラシック音楽も聴かないといけません。

高尚な感じがして敷居が高いと敬遠する人も多いですが、それはあまりにもったいない。「文字から入る」のが、有効な方法です。

白石美雪『音楽評論の一五〇年　福地桜痴から吉田秀和まで』という本があります。福地や吉田、遠山一行ら高名な音楽評論家の業績を追っている。

なかでも、吉田秀和は日本を代表する音楽評論家で、著作を多く残しています。『世界の指揮者』『世界のピアニスト』『私の好きな曲』などを、音を想像しながら読む。当の音楽を流しながら、文字を追う。

分からなくていい。好きにならなくてもいい。でも、こんな筋トレをしていると、突然、たとえばシューベルトのピアノソナタ一七番二楽章だけは、「分かった！」という瞬間が訪れる。

グレン・グールドのピアノ間奏曲の数小節、チェリビダッケ指揮のベートーベン交響曲のワンフレーズだけが、突如、耳から胸に落ちてくる。第三章で小林秀雄の文章（「モオツアルト」）を載せましたが、まさに、「突然、このト短調シンフォニイの有名なテエマが頭の中で鳴ったのである」みたいなことが、わたしたちにもあるものなんです。

こうなればしめたもので、こんどはシューベルトのピアノソナタばかり、あるいはグールドのレコードばかりを集中して聴いていく。蜘蛛の糸をつかんだようなものです。「縁《えにし》」をしっかりつかんで離さない。たぐり寄せていく。

ポピュラー音楽と同じくリストを活用して、必聴の作曲家、演奏家をつぶしていくのも有効です。

ここでは少し変わったところで、俵孝太郎『気軽にCDを楽しもう』を紹介します。俵の本業はテレビキャスター。保守派のジャーナリストで知られました。クラシック音楽はあくまで趣味の範囲でのコレクターです。同書では「月に一万円」など、ふつうの給料取りに向けてマイルールを作り、オーソドックスなCDコレクションを作ろうとしています。

月に一万円と予算が限られているので、高額な幻の名盤などは最初からはずしているし、指揮者やレコード会社にもこだわりません。廉価盤を薦める姿勢も好もしかった。「月一万円」などのルールは、いわばゲーム感覚でコレクションを楽しんでいるんですね。これが、とてもいいんです。縛りプレイ。無理やりコレクター。そういう腕力を学びました。

俵さんとは、一度だけ話したことがある。わたしとは、政治的な立場は必ずしも同じではない。ですが、そんなの関係ないんです。趣味のフィールドで教えてもらう先輩。思想信条なんかどうでもよくなる。感性筋トレのいいところでもあります。

③映画、演劇、絵画、写真、落語、浪曲、講談その他も貪欲に

わたし自身が音楽評論家の端くれでもあるので、どうしても音の筋トレは詳しく書い

てしまうのですが、以上述べた方法論は、絵画や写真やアート、映画、演劇、歌舞伎、能、落語や浪曲、講談などの話芸、その他あらゆる分野で有効です。

①リスト、ガイドを見つける
②好きな批評家をつかまえる
③文字から入る
④蜘蛛の糸をつかんだら離さない

たとえば西洋絵画を例にとります。

高名な美術評論家の高階秀爾に『近代絵画史』という手ごろな新書があり、わたしにはたいへん役立ちました。おもに印象派以降の西洋絵画ですが、有名どころを過不足なくおさえ、巨匠たちの仕事を平明な文章で紹介しています。

図版は少なく、かつモノクロなので（新版ではカラーになった）、そこは、図書館で大きなカラー図録を借りてきて併読すると楽しみは増すし、理解も深まります。同じ著者で『名画を見る眼』二巻本の新書もあり、こちらはレオナルド・ダ・ヴィンチらルネサンス期から始まっているのでもっと包括的です。

東洋画では、少し趣向を変えて、夏目漱石の小説群をリストにするという方法はどうでしょう。漱石は玄人はだしの画家でもあり、絵に関する批評眼があります。漱石ぐらいの大作家は全集を買ってもいいと思うのですが（数千円からあります）、そこに出てくる書画骨董を、実際に自分も見てみる。『特講　漱石の美術世界』という便利なガイドもあります。

同じように、写真ジャンルではスーザン・ソンタグの『写真論』なんかはどうでしょうか。これは写真の通史といったタイプの書物ではないのですが、二十世紀を代表する思想家の文章を読みながら、写真を見る勘所を学べば一石二鳥です。

以上はあくまで一例で、要するに、②「好きな批評家」を見つけて、③「文字から入る」ということなのです。

よく、解説の弊害を言われます。アートに対しては、無心に臨まなければならない。実物を目の前にして、自分で感じ取らなければならない。絵や写真の、タイトルでさえも、先に見てはいけない。そもそも絵画にタイトルが付されるようになったのは、絵を「マーケット」で売る必要から始まったのだ、と。

その通りだと思います。正論です。正論過ぎて、わたしなんかはいやになってくる。

自分の感性を信じ過ぎている。

絵画を見慣れない人が、ジャクソン・ポロックの抽象画を見て、すぐに「美しい」と感じ取れるでしょうか。ポロックはまだしも、デュシャンの便器（「泉」と題して出品されました）に、どう感動したらいいのか。

「ふつう」の暮らしを送っている、「ふつう」の生活人にとっては、「さっぱり分からない」であり、「だから現代アートは嫌いなんだ」で終わるのが関の山ではないか。

自分の感性に、それほど信頼をおかない。よく見ている人、よく聴いている人、そういう先輩たちの「感性」にリスペクトを払う。教わる。

文字から入るのも、「あり」なんです。そうして文字から入っても、じっさいに見たり聴いたりすれば、必ず自分独自の感興がわいてくる。解説書にはなかった見方、聴き方ができるようになる。

それが、古典の力です。

映画でも演芸でもバレエや舞踏でも、すべてのジャンルに、そうした「愛」を語っている先人はいます。

たとえば、落語や講談、浪曲など話芸全般について、わたしは立川談志師匠の文章に多くを学びました。天才落語家ですが、どちらかというと批評家として突出していたとわたしは思っています。

この世界をチョイと齧《かじ》って他のジャンルに行った奴あ、どうでもいい。ちったあ、この世界に世話になったり、恩義をきたり、楽しませてもらった物書きは、下手でも、馬鹿でもかまわねえから、何か、書けやい。

（立川談志『談志楽屋噺』）

胸いっぱいの愛で「なんか書け」る人は、どのジャンルにも必ずいる。文字で愛し方を学ぶのは、少しも恥ずべきことではありません。

④ライブが本番

さて、文字から入って愛を知るのも有効ですが、やはりライブで聴く、実物を見るにまさるトレーニングはありません。

レコードやCD、DVD、配信、youtubeでライブを見たり聴いたりすることができる。しかし音楽好きはよく知っているように、よくできたライブ盤のCDや配信でも、実際に会場にいた感動はなかなか得られない。音楽は耳で聴くだけではなく、その場の照明やステージからの距離、周りの観客の歓声、アンプから出てくる音圧を、身体で感じるものだから。聴覚より触覚に近い。

わたしは日本の音楽家の灰野敬二をたいへん尊敬していて、あちこちで文章を書いていますが、灰野の魅力が、CDやyoutubeで分かるかと言われれば、言葉を濁すほかありません。これればかりは、ライブで音圧に身をゆだねないと「分からない」。

時間とカネが許す限り、なるべくライブで見ることを、自分に課す。

音楽だけではない。映画は映画館で見るのがライブ。絵画や写真などは美術館で。落語・浪曲・講談の話芸、現代演劇・歌舞伎の芝居も、なるべくなら寄席や劇場に足を運ぶ。

たとえば映画は、映画館にわざわざ見にいくほうがむしろマイナーな行動になっています。映画は、パソコン画面やタブレット端末で見るものだと思っている人さえいそうです。

しかし、少し考えれば分かるように、昔の名画と言われるものは、パソコンどころか、テレビの液晶画面で見られることさえ、想定していない。入場料を払って、暗い映画館で、大きなスクリーンに映して見る。途中でトイレにも立たないし、おしゃべりもしない。そうした鑑賞を前提にして、作品を作っています。

昔の映画で、なんだか冗長に感じられてしまう部分、ＤＶＤなら早送りしたくなるところが含まれているのは、だから当然なんです。ある程度の長時間を集中して見る「観客」を、映画作品は要求しているんです。また、そこが映画らしい表現ともなる。小津安二郎にしてもジョン・フォードにしても、もしも現代に生きてテレビドラマや配信ドラマを作っていたなら、ぜんぜん違う作品を作っていますよ。

ライブ会場とは、映画館であり劇場であり寄席であり美術館やギャラリーであり、スタジアム、ライブハウスです。ライブを面倒がるようでは、感性はデッドになります。

⑤けちにならない

ライブ、CDやDVDや配信もだいじな筋トレです。その際、ひとつだけ注意することがあります。

けちになってはいけない。

この本のアイデアを出してくれた編集者（まだ二十代の女性）が、わたしに薦められて小津安二郎監督作品の「東京物語」を見たらしいんです。世界の批評家による投票で、ナンバーワンに選ばれることもある傑作です。

彼女は、三十分ほど見てから急に不安になった。これの、いったいなにが名作なのか。

分からない。事件が起きるわけではない。美男美女が華やかに活躍するわけでもない。登場人物は訥々《とつとつ》と、どちらかといえば素人みたいにしゃべるだけ。

どこが、いいのか？

あわててネットで「東京物語が名作である理由」を検索したそうです。

先の節で勧めた「文字から入る」と、似ているようでやはり違うと思います。傑作である理由をネットに聞いてどうするんですか。ネットは、みながうなずく最大公約数的な感性が検索上位にくるよう、アルゴリズムが組まれている。一方で、自分オリジナルの感じ方を鍛えるのが感性筋トレです。

なぜネット検索をしたのか。「傑作である理由が分からない、映画の見方を自分が間違えているのではないかと、不安になった」そうです。

うーん。でも、なぜそれが不安なんですかね。

しつこいようですがさらに問いを重ねると、「せっかく時間を割いて、古典の名作を見ているのに、分からなければ時間をむだにしているから」とのことでした。

言葉はきついですが、わたしの言う「けちくさい」とは、これです。タイパ意識。

感性の筋トレにいちばんの大敵は、精神の吝嗇《りんしょく》なんです。

かくいうわたしにも覚えがあります。

たとえば、わたしはいま、泉鏡花の全集を、長い時間をかけ、ぽつぽつと読んでいます。鏡花は、中島敦や大西巨人が絶賛するたいへんな美文家で、中島も大西もわたしは大尊敬しているので、かれらが薦める作家を読まないわけにはいかない。

しかし、よくわからないんです。鏡花の、なにがいいの？　それどころか、もはやあらすじさえ追えない。雅俗混交文体で、百年以上も前の風俗・人情が描かれる。

それでも、読む。分からないのは、自分の感性が鈍いからだと確信しているから。いつか分かるようになるだろう。

ただし、この「分かる」という言葉もくせものなんです。なにをもって「分かる」と言うのでしょうか。最初の一行から最後の締めまで、すべての文意が理解できて、しみこむように感動した。そうでなければ「分かった」と言えない。

そんなふうに考えていたら、鏡花の小説になじむことは、一生ないと思います。

小説の、たったひとつの文章でいい。極端には、単語のひとつでもいい。

凡そ色事と謂ふものは真面目が五分で苦労が四分、楽《たのしみ》と謂つては一分有るか無し

（泉鏡花『月下園』）

照りもせず曇りも果てぬ春の夜のだ。

（同『松の露』）

ちょっとした言い回し、語彙を、かっこいい、粋だなと思う。わたしだけだと思いますが、でもそれで、感性の筋トレとしては大収穫である。そう、心得ています。けちになるな。

⑥ときには駆け足で

これはアーティストの横尾忠則さんからうかがった話です。

横尾さんは、いろんな仕事で地方を回ることが多い。仕事が終わって東京に帰る前、多少の空き時間があったとします。すると、県立美術館や市立美術館に、さっと入ってしまう、というのです。

空き時間は一時間もない。だから、駆け足で見て回る。またそうするほうが、かえって印象に残る、ということでした。

たいへん示唆に富むアドバイスだと思いました。

わたしたちは、美術館に入るとどうするでしょうか。まずは入り口にある企画趣旨のパネルをじっと見つめる。そのあとは、最初の出品作から、最後の習作、スケッチに至るまで、ゆっくり、順番に、一枚一枚、ほとんど同じ時間をかけて見ていきます。いかにも律義な「鑑賞」。

横尾さんは、そうしない。なにしろ、列車の発車まで一時間しかない。ほとんど小走りで流していく。

これは実際にわたしも試したし、いまでも続けているのですが、じつに有効な方法でした。ひとつひとつをじっくり見て、なにが描かれているのか、この絵の意味は、創作意図はなにかと考えるのが正しい鑑賞だと、わたしたちは学校の美術教育ですり込まれている。

そんなことはいいんです。「とりあえず」は、いい。

まずは、気になる絵と出会わなければ話にならない。マッチング。そのために、駆け足で見る。「なにか」が引っかかったら、その作品の前でこそ、立ち止まる。直感を大事にする。

それは作品展を代表する大作かもしれない。展示の最後のほうにあった、紙と鉛筆だけの小品かもしれない。かまわない。何十分でもいい、好きなだけ見る。絵に穴があくほど、強い視線で見つめる。

絵の全体を、次いで細部を、また全体を、見る。このときこそ、パネルの説明文やカタログを読んでもいい。

走って回る。しかし、足が止まったのなら、納得するまで、自分の言葉が出てくるまで、見つめる。

だいたい、世界一有名な絵画、ダ・ヴィンチの「モナリザ」だって、わたしたちはたいして見ちゃいないんです。謎めいた女性。前に組んだ腕。穏やかな目鼻立ち。ベール。口元の微笑。以上。それくらい。洋服の襞《ひだ》の細部は見ていない。窓から見える後景の山や川など、そんなものがあったことさえ覚えてない。

⑦無理やり好きになる

（5）や（6）と矛盾することを書くようですが、けちけちすることが大事なこともあります。逆もまた真なり、です。

せっかくカネを払ったんだから、投資した分は取り返そうと思う。元をとってやろう。やや意地汚い根性ですが。

配信時代のいまは想像つかないでしょうが、わたしが学生のころ、音楽を聴くというのはたいへん贅沢な娯楽だったんです。なにしろレコードが高かった。輸入盤はとりわけ高い。紹介してくれるメディアも少ない。じっさいに音を試聴できるのはラジオ番組だけ。基本的には、雑誌の文章から音を想像するしかなかった。アルバムジャケットや、アルバムに記載された情報、参加ミュージシャン、プロデューサーらの名前から、想像する。「えいやっ」と、くじを引くように買う。

そうやって買ったレコードだから、それこそ、隅々まで大事に聴きました。「はずれ」も少なからずあるんですが、「はずれ」だなんて認めない。選んだ自分が許せない。だから、無理やり好きになるんです。アルバムB面の二曲目の、リフの、ギターのカッティング。あそこだけはかっこいい、とか。

けちけちしない美術館走りとは対極にありますが、こうしたいじましい聴き方や見方ができないのも、それはそれで淋しいものです。

無理やり好きになる吝嗇鑑賞。感受性の強度を高めるために、有効なときもあります。

⑧ご縁をだいじにする

意図していなかったのに、たまたま目がとまってしまったという「ご縁」。あるいは、勘違いしてしまった「奇縁」でしょうか。
劇作家・小説家の戌井昭人は、中学生のころ、ファンだったローリング・ストーンズのギタリスト、キース・リチャーズのアルバムだと思いこみ、「ケルン・コンサート」のカセットテープを買った話をしています。もちろんこれは、ジャズピアニストであるキース・ジャレットの作品。勘違いですね。

家に帰って聴いてみたら、ギターの音どころかなんかピアノと唸り声が……どうしていいか俺分かんなくなって（大笑）。〝あ、キース間違えしたんだ〟と思ったけど、しかし4000円だったら中学生にとっては3か月分ぐらいのレコードですから。だからね、とにかく聴きまくりました、これは（大笑）。もったいないから、もとをとらなきゃと思って。

（湯浅学『ライク・ア・ローリング・カセット』）

笑ってしまいますが、ここには人生の真実があります。
われわれが大事にすべきは、機縁《えにし》です。縁をたぐり寄せ、自分の身にしてしまう。栄養分として取り込む。

好みじゃないもの、出会うべきではないものに、出会ってしまった。もはや、あきらめる。ご縁で、感性を、伸ばす。

⑨まずは遊び時間を確保する

さて、こうした感性の筋トレを、いつするのか。

大きくふたつにわけましょう。本を読む時間を〈勉強〉とします。ライターにとって、書くのが〈仕事〉。読むのが〈勉強〉です。

そして、それ以外の音楽や美術、映画、演劇などの鑑賞が〈遊び〉になるんです。

〈仕事〉―〈勉強〉―〈遊び〉の大三角。この重要性についてはわたしの前著『ワーク・イズ・ライフ　宇宙一チャラい仕事論』（CCCメディアハウス）に理論立てて詳述しましたので、ぜひ読んでみて下さい。

ここではその最重要点だけを再掲します。

まずは遊びの時間を作ってしまう。遊び時間を確保するのが最初の一歩。

・音楽の古典を一日に○枚聴く
・映画を週に○本見る
・芝居、コンサート、落語など生の舞台へ、月に○回出かける

遊びの大目標をたててしまう。新年の元旦にでも、今年の目標として立てるのはどうですか。手帳に書いておく。場合によっては、机の前にでも張っておく。そして大晦日に、目標をどこまで達成できたか、自分一人で反省会をする。


「馬鹿げている」と思う人は、心の柔軟さを失っているかもしれない。

童心を忘れるな。自分のなかの洟《はな》たれを手放すな。いくつになっても遊ぶ。真剣に遊ぶ。それがほんとうの子供です。

一方、目標を立て、実行するのも、自分です。人に命令されるな。自分で自分に命令しろ。自分を律することができる。それがほんとうの大人です。

子供っぽい大人。大人びた子供。

一生を通じて、どれだけ大きな子供でいることができるか。

（ショウペンハウエル）

⑩永眠するその前に

そして社会人の勉強とは、仕事と遊びのすきま時間でするものです。

朝起きた直後の、ベッドで茫洋《ぼうよう》としている夢と現《うつつ》のあいま。湯船につかっている時間。通勤・通学のさなか。

どんな人でも、十五分くらいのすきま時間はある。その断片をかき集めて、一日一時間や二時間は作ることができる。毎日二時間で年間七〇〇時間以上。たいていのことはできてしまいます。

わたしのもっともお勧めは、先にも書きましたが、起きて直後の十五分です。朝の十五分、古典を読んで筋トレできた。もうそれで十分です。立派なもんだ。

今日も自分は生きていていい。生きる資格がある。

目覚めの十五分はだれにも平等に訪れる。そのときに読めれば、すなわち一年三百六十五日、欠かさず勉強していることになる。たいへんな努力家です。天は、そういう人を見逃しません。必ずチャンスは訪れる。

勉強できないとき、それは、朝が来なかったときです。目覚めなかったときです。つまり、お迎えが来た。そのときは、仕方ないじゃないですか。グッド・ナイト。スリープ・タイト。

鍛えた感性で、世界をよく見て、人生の甘美を、味わった。R.I.P. 安らかに、微笑んで、永遠の眠りにつきましょう。


しかしそれまでは、世界をよく見て、よく聴いて、人生を楽しむんだ。自分の楽しさを発見し、大きな声で笑う。世間が強いる感性ではない、自分の心で感受する。自分の五感の翼を広げ、どこまでも飛んでいく。もっとよくなれる。なぜならあなたは、自由なんだから。自由になるのを恐れるな。

もしも自由になれたなら、自分の鎖をとけたなら、どんな気持ちがするんだろう。

大きな声で、はっきりと、世界に聞こえるよう叫ぶんだ。おれは自由だ、と。

I wish I knew how it'd feel to be free. Yes, I am.
Say 'em loud say 'em clear for the whole round world to hear.

天国に行けば、眠る時間はたっぷりある。だから、生きているあいだは、生き生きと、生きる。顔を上げて、目を見開いて、世界を受け容れる。自分を許す。

運命を甘受する。

感性の筋トレは、そのためにあります。

おわりに――感性の筋トレなんか、してどうすんだ

ラクビーワールドカップの元日本代表だった平尾剛さんの著作に『脱・筋トレ思考』がある。勝利やランキング上位といった「目に見えてわかりやすい目的を掲げ、それに向けてシンプルな方法で解決を図る考え方」を「筋トレ主義」と名付け、その思考からの脱出を説いている。

勝利至上主義や五輪に顕著な商業主義が、スポーツも、スポーツをする人も、かえって損なっている。不健康にしている。そうした筋トレ主義では、しなやかな思考が失われ、スポーツのもつ豊かさにも届かないのではないか。

およそそうした問題提起で、じつにあざやかな論述だった。思考と文章に共感し、ご本人に取材させていただいたことがある。

それなのに、こういう本を書いているのだから、われながら始末がわるい。感性を、

筋トレで育てるのだという。数値目標を立て、十五分刻みでキッチンタイマーを鳴らし、アスリートノートに記録をとり、反省するのだ、と。

　これこそ、筋トレ思考極まれりではないか。


きれいは穢《きたな》い。穢いはきれい。


　シェイクスピア『マクベス』に出てくる魔女のまじないだ。世の中のすべてのことには、二面性がある。表があれば、裏がある。光あるところに、影がある。肯定命題と否定命題は、コインの裏表だ。あたりまえの話である。

　白か黒か。善か悪か。一刀両断できないのが、世界の豊かさだし、人間のおもしろさだ。先の『脱・筋トレ思考』だって、筋トレが絶対悪だと言っているのではない。なにしろ、「脱」するためには、まず筋トレをしなければいけないではないか。

　感性は天与のものではない。感性は、筋トレで鍛えられる――。本書の主張の根幹を、最後になってひっくり返すつもりは、ない。

ただ、筋トレだけでも、だめでしょうとは思う。そんなの、あたりまえだ。きれいは穢い、穢いはきれい。

日々のトレーニングで培った感性の筋力を、感じとる力を、十全に表現するには、筋トレだけでは鍛えられない、またなにか別のまじないがいる。それがｍｏｊｏであり、詩的な段差であり、飛躍であり、事故であり、夢中になって没入して気がふれちゃった末に口の端に現れる、囈言《うわごと》なんだと思う。

おれは、フーチー・クーチー・マンなんだ。

そんな囈言を口走るためにこそ、毎日、しらふで鍛錬する。これからも精進するつもりである。

縁と命があったらば、またどこか、別の書籍でお会いしましょう。お達者で。

＊　＊　＊

いつも予想を上回るアイデアでこちらの文章も引き上げてくれる天才デザイナー福島源之助さんと、実務を担った佐藤桜弥子さんは、すっ転んだ表紙デザインと、隅々まで気を配った本文レイアウトを出してくれた。フォレスト出版の山田倫子さんは、若さゆえの怖いもの知らずから、急な締切を始め、むちゃな注文をいくつも出してくれた。結果としていい本になったと思う。

感謝します。

近藤康太郎

二〇二四年八月　早暁、暑熱の田んぼへ出る前に

出典一覧

ジャン・イタール『新訳　アヴェロンの野生児：新訳 ヴィクトールの発達と教育』
中野 善達・松田清 訳、福村出版、1978年

谷崎潤一郎『痴人の愛』新潮文庫、1949年

中上健次『枯木灘』河出文庫、1980年

ヴェチェスラフ・カザケーヴィチ『落日礼賛』太田 正一訳、群像社、2004年

高橋竹山『津軽三味線ひとり旅』中公文庫、1991年

小林秀雄『モオツァルト・無常という事』新潮文庫、1985年

五味康祐『五味康祐　オーディオ遍歴』新潮文庫、1982年

保坂和志『季節の記憶』中公文庫、1999年

アントニオ・タブッキ『供述によるとペレイラは……』須賀 敦子 訳、白水社、2000年

小林秀雄『常識について』角川文庫、1978年

村上春樹『世界の終りとハードボイルド・ワンダーランド　下』新潮文庫、2010年

HARUKI MURAKAMI『HARD-BOILED WONDERLAND AND THE END OF THE WORLD』VINTAGE INTERNATIONAL, 2001.

ヘミングウェイ『ヘミングウェイ短篇集（上）』谷口 陸男 訳、岩波文庫、1987年

ヘミングウェイ『日はまた昇る』谷口 陸男 訳、岩波文庫、1958年

レイモンド・チャンドラー『長いお別れ』清水 俊二 訳、ハヤカワ文庫、1976年

島崎藤村『夜明け前　第二部（下）』新潮文庫、2003年

マルクス / エンゲルス『新編輯版　ドイツ・イデオロギー』
廣松 渉・小林 昌人 訳 、岩波文庫、2002年

太宰治『太宰治全集　9』筑摩書房、1967年

立川談志『談志楽屋噺』文春文庫、1990年

湯浅学『ライク・ア・ローリング・カセット』小学館、2023年

『（作家の口福）ベートーヴェンのコーヒー豆　片岡義男』
「朝日新聞」2013年3月9日

【著者プロフィール】
近藤康太郎（こんどう・こうたろう）
作家／評論家／百姓／猟師／新聞記者
1963年、東京・渋谷生まれ。1987年、朝日新聞社入社。AERA編集部、ニューヨーク支局、文化部などを経て九州へ。新聞紙面では、コラム「多事奏論」、米作りや狩猟を通じて資本主義や現代社会を考察する連載「アロハで猟師してみました」を担当する。熊本県天草市在住。長崎県旧田結村で米作りを、長崎と熊本で鉄砲猟をしつつ、著述に励む。

『三行で撃つ　〈善く、生きる〉ための文章塾』『百冊で耕す〈自由に、なる〉ための読書術』『ワーク・イズ・ライフ　宇宙一チャラい仕事論』（以上CCCメディアハウス）、『アロハで田植え、はじめました』『アロハで猟師、はじめました』（以上河出書房新社）、『「あらすじ」だけで人生の意味が全部わかる世界の古典13』『朝日新聞記者が書いたアメリカ人「アホ・マヌケ」論』『アメリカが知らないアメリカ』（以上講談社）、『リアルロック』（三一書房）ほか著書多数。

ブックデザイン　福島源之助・佐藤桜弥子（フロッグキングスタジオ）
DTP　キャップス
校正　永田和恵

文章は、「転」。

2024年10月5日　　初版発行

著　者　近藤康太郎
発行者　太田　宏
発行所　フォレスト出版株式会社
〒162-0824 東京都新宿区揚場町2-18　白宝ビル7F
電話　03-5229-5750（営業）
　　　03-5229-5757（編集）
URL　http://www.forestpub.co.jp

印刷・製本　日経印刷株式会社

ISBN978-4-86680-291-6　Printed in Japan